JN022875

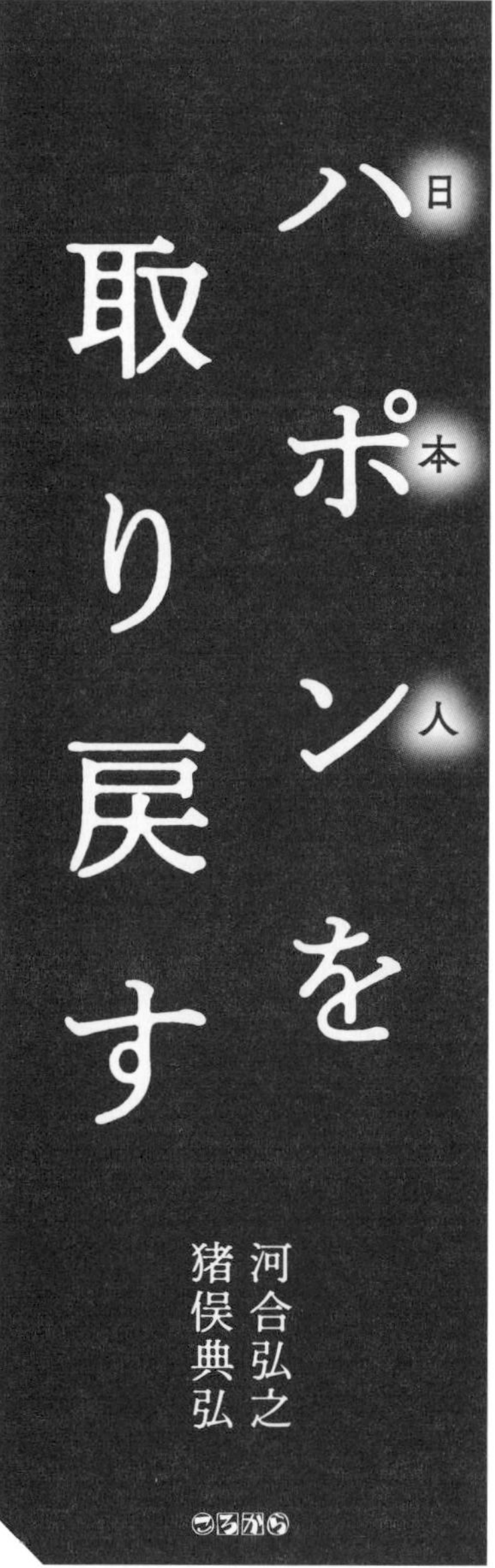

フィリピン残留日本人の戦争と国籍回復

ハポン〈日本人〉を取り戻すために

戦後75年を迎えた２０２０年は2度目の東京五輪に沸き立つはずが、１００年に一度とも言われるウイルスの世界的蔓延によって、思いもかけなかった試練に直面する年となりました。

私たちの社会を支える仕組みづくりにおいて大切な視点は何なのか、何が「不要不急」なのか、ウイルスと「闘う」戦略か「共存する」戦略か、社会に潜むリスクに対しどのようにマネジメントしていくのか、私たちは何に価値を置いて生きていくのか……。このコロナウイルス禍は私たちに多くのことを考えるきっかけをくれたと言えるでしょう。

とりもなおさず、この民主主義社会において、社会のシステムをデザインしているのは、ほかでもない自分たちなのだということに、改めて気づかされたようにも思います。今回のウイルス災害を機に、私たちの社会はより成熟していくことでしょう。

２０２０年。戦争が終わって75年。思えば遠く来たもんだ。そんな言葉が思わずこぼれます。戦後の日本がここへたどり着くまでに、どれだけ多くの試練を乗り越えてきたことか。もちろん、日本だけではありません。愚かな戦争によって破壊され焦土となった国々が、それぞれ必死に戦後を歩んできました。どうすれば、異なる価値観の国々や民族が仲良く共存できるのか。どうすれば人類は地球環境の持続可能性を守ることができるのか。日本は世界の国々とともに、そうした課題を共有してきました。未解決のタスクはたくさんあります。しかし、過去に学ぶ叡智があれば、未来に向けた解決の道筋を必ず見つけ出せるという希望が消えることはありません。

そして終戦から75年、平和を愛し、民主主義を大切に歩んできた日本が、今こそ耳を傾けるべき人たちの声があります。

フィリピンの村々で、日本に対して抑えがたい望郷の念を抱き、日本人であることに胸を熱くたぎらせ、日本政府が自分を日本人だと認めてくれる日を忍耐強く待ち続けている人たちが数百人も取り残されていることをご存じでしょうか。

かつて、彼らは３０００名をはるかに超えていましたが、日本政府に受け入れてもらいたいと切望しながら、その多くの人たちは寿命が尽き、無念のままこの世を旅立ってしまいました。

彼らは、太平洋戦争後にフィリピンに残留した、「フィリピン残留日本人」と呼ばれる人たちです。日本を愛し、「日本」という言葉が耳に入れば胸を高鳴らせ、２０１６年に天皇皇后（現上皇上皇后）がマニラを訪問した際には日の丸を振りながら歓喜の涙を流しました。父親が作ってくれた焼きおにぎりの美味しさを幸せそうに語り、記憶に残る日本の歌を口ずさみます。

「みよ、とうかいの、そらあけて」

「はーるがきた、はーるがきーたー」

「しょ、しょ、しょじょじ…」

この人たちの中にある「日本」の記憶は、75年前で途切れたまま。75年前に、いったい何が起きたのでしょうか。彼らは、なぜ今もフィリピンに残留したままなのでしょう。

移民送り出し国だった日本

フィリピン残留日本人というと、多くの人は、上官からの命令を待ちながら作戦を継続しつつルバング島に潜んでいた、旧帝国陸軍の小野田寛郎（ひろお）少尉を思い浮かべるかもしれません。彼も確かに戦争によってフィリピンに残留した日本人といえるでしょう。

しかし、３０００名を超えて存在していた「フィリピン残留日本人」は、小野田少尉とは全く異なるバックグラウンドを持っています。

明治期以降の日本が、積極的な移民送り出しの国であったことは、皆さんご存じでしょう。ハワイのサトウキビ農園での労働者としての移民を皮切りに、日本から海外への移住が本格化していくのが１８８５年のこと。

今は少子高齢化が進み、さまざまな国から多くの人たちに働きに来てほしいと願っている日本ですが、わずか１００年ほど前は全く逆で、経済的に決して豊かではなかった日本から、広大な農地や新天地での可能性を夢見て、農村部を中心に多くの人々が海を越えていったのです。

ハワイのほか、オーストラリアやフィジー、そして北米や南米などへ、次々と日本人が渡航していきました。そして、先に入植した同郷の知人や親せきを頼って、新たな移住者たちがそのあとに続きます。当時の日本は、毎年数万人単位で海外に出稼ぎに行く、あるいは骨をうずめる覚悟で新天地に入植する人たちが続く、空前の移住ラッシュだったのではないかと想像します。

しかし、続々と入植してくる日本人たちの増加に、警戒心を抱く地域も少なくありませんでした。特に、20世紀に入ってから日本人移民が急激に増えた北米では、日本人排斥運動が巻き起こります。北米への移住が制限されるようになると、ブラジルなどの南米を目指す日本人が増えていきます。

そんな移民ラッシュの中、魅力的な渡航先として多くの日本人が向かった国の一つに、東南アジアの島国、フィリピンがありました。

労働者としてフィリピンへ入植

日本人労働者がフィリピンへの渡航を本格的にスタートさせたのは、１９０３年のことでした。当時は、ルソン島中部の高原都市バギオとマニラを結ぶ「ベンゲット道路」建設の難工事に従事する働き手が不足していたため、多くの日本人労働者が現地へと送り込まれます。ベンゲット道路は05年に完成しますが、工事終了後も、日本に帰ろうとはせず、バギオやその周辺にとどまり、フィリピンで生活の糧を得ていく日本人が少なからずいました。

あるいは、ルソン島から一路、フィリピン南部のミンダナオ島を目指す日本人たちもいました。彼らの中には、まだ開墾（かいこん）されていないミンダナオ島ダバオ周辺の広大な土地に目をつけ、そこを切り拓いてアバカ麻の大規模栽培に乗り出していく人もいました。こうして、ダバオはアバカ麻の一大生産地となっていきます。

当時の日本は、日露戦争後の不況の真っただ中にありました。軍事費の拡大は増税となり、軍事産業や重工業の振興が優先される中、地方の農民たちの暮らしはますます困窮していきます。加えて、明治以降、日本の人口は爆発的に増加していました。

１８７２年には３４８０万人だった日本の人口は、それからわずか60年後の１９３６年には６９２５万人とおよそ倍増しています。

余剰人口は海外へ。

日本政府が移民の送り出しに積極的になっていった理由のひとつは、ここにあるでしょう。そこに、重税に苦しむ農民たちの状況が共鳴し、大勢の日本人が海外を目指していったと考えられます。

いずれにしても、その後、ダバオの日本人社会は急激に大きくなっていきます。というのも、14年に勃発した第一次世界大戦で、船舶の舫(もやい)（ロープ）に使用されるアバカ麻の需要が急増し、麻の相場が高騰したのです。アバカ麻の好景気に沸くダバオを目指し、日本人移民が次々と海を渡っていきました。

こうして、太平洋戦争前夜には、ダバオやバギオを中心に、３万人を超える日本人社会ができ上がっていたのです。

フィリピンに移住した日本人の特徴として、若い単身者が多かったということがあげられるでしょう。家族連れの入植者が多かった旧満州などと比べると、独身者の多かったフィリピンの入植者たちの中には、現地の女性と結婚して豊かで幸せな家庭を築いた人たちが少なからずいました。フィリピン人の妻との間に子どもをもうけ、日本の伝統文化を暮らしの中にささやかに取り入れつつも、フィリピンの地域社会に溶け込んで暮らしていたのです。

バギオの日本人学校新校舎落成記念の写真には、当時の宗主国であったアメリカのほか、フィリピン、日本の3つの国旗が仲良く並んで掲げられている様子を見ることができます（18ページ参照）。あるいは、山岳民族であるイゴロット族のお祭りに参加し一緒に踊っている日本人移民たちの写真からは、当時ののどかな空気が伝わってきます。

しかし、太平洋戦争の勃発によって、この暮らしは一転しました。

全土が戦場と化したフィリピン

フィリピンは、戦争文学の金字塔といわれる大岡昇平の『野火』などでも描かれているように、太平洋戦争において日米の激しい地上戦が繰り広げられた島国です。

太平洋戦争開戦当時、フィリピンはアメリカの植民地でした。当時の日本は「大東亜共栄圏」を大義名分とし、欧米列強からのアジアの解放を掲げていましたが、しかし34年のアメリカ議会の決定により、フィリピンに関しては10年の移行期間を経ての独立がすでに決まっていました。

日本軍がルソン島中部西岸のリンガエン湾からフィリピンに上陸したのは、真珠湾攻撃からわずか2週間後の41年12月22日。上陸から10日後にはマニラを占領。ダグラス・マッカーサー最高司令官率いる米比軍（アメリカ軍とフィリピン人による連合軍）はバターン半島へ退却します。

そこからは米比軍、日本軍ともに大きな犠牲を出したバターン攻略作戦が繰り広げられ、日本軍の悪名を一気に知らしめることになったバターン死の行進によってさらに多くの米比軍捕虜が命を落としました。バターン半島攻略後、最後の抵抗拠点となったコレヒドール島が5月6日に陥落、翌7日にフィリピン全土の米比軍に降伏命令が下され、日本軍はフィリピンを制圧します。

「アイ・シャル・リターン（私はまた戻ってくる）」の言葉とともにフィリピンから脱出したマッカーサー司令官が、その言葉通りレイテ島に再上陸を果たすのが44年10月。その後は泥沼の地上戦が繰り広げられていきます。

フィリピン戦線では日本人は軍民合わせて51万8000人の戦没者を出しましたが、フィリピン人は、その2倍を上回る110万人もの犠牲者を出したといわれています。アメリカから数年後の独立が約束されていたフィリピンにとって、日本は欧米列強からの解放者ではなく、完全なる侵略者でしかなかったといえるでしょう。だからこそ、日本軍は最後までフィリピンゲリラによる攻撃に悩まされ、多くのフィリピン人たちがゲリラを心情的に支援し、日本に対する憎悪を募らせていったのです。

このことは、日本軍によるフィリピン市民の虐殺へとつながり、さらなる犠牲者を生み出すことになっていきました。

そして、この日本軍侵攻により、フィリピン各地の日本人社会は完全に崩壊していったのです。

国のはざまで引き裂かれた日本人2世

日本軍政下のフィリピンにおいて、日本人移民たちは重要な役割を担わされることになります。現地の言葉に精通し、地元に生活基盤を築いていた移民とその家族たちは、積極的に「対日協力」にいそしみました。

日本人の父とフィリピン人の母から生まれた2世たちの多くは、現地の日本人学校に通い、日本本国と同じ愛国教育を受けていました。

今も残留する2世たちが、ほとんどの日本語は忘れてしまっていても、「みよ　とうかいのそら　あけて」と「愛国行進曲」を口ずさむことができるのは、当時の日本人学校での教育や日本人父の教育の結果だといえるでしょう。

実際、多くの日本人の父親が、我が子に日本人の名前を付け、日本人の子どもとして育てようと意識していたことは、残留者たちの記憶の片隅からあふれ出る言葉の端々で感じることです。

後ほど詳述しますが、当時はフィリピンの法律においても、日本の法律においても、子どもの国籍は父系血統主義であったため、日本人父から生まれた2世たちは日本国籍を取得していました。日本人として生まれ、日本人として育てられた2世たち。

しかし、本土の日本人の子どもと決定的に違っていたのは、彼らが生まれたのはフィリピンであり、そして母親がフィリピン人であったということ。そして、父の国が母の国を侵攻したために、2つの国のはざまで引き裂かれてしまったということでした。

望郷の念を深めるハポンたち

日米の主戦場となったフィリピンで、2世たちが背負った重荷の重さは想像するのも難しいことでしょう。日本兵の多くが、戦闘によってではなく、飢えと病によって命を落とした過酷なフィリピン戦線。そして、日本人の戦没者数をはるかに上回る、戦時下に亡くなったフィリピン人たち。この数字の背後に、2世たちの置かれた苦境があります。

父とともに積極的に日本軍に協力した2世もいれば、苦しみ悩みながら、日本語と現地の言葉の両方を使いこなし、両国の架け橋になろうと試みて命を落とした2世もいます。いずれの2世にも共通しているのは、おのれのルーツである父の国を愛していたということ。

戦時下に知り合いの誰も亡くならなかった、という2世はほぼ存在しないでしょう。それほど多くの血が流される状況を生き延びた2世たちは、その多くがフィリピンに残留するしかありませんでした。

父が戦死し、あるいは生き別れた2世たちに、愛する父の国とはいえ、いまだ見たこともない日本に「帰国する」という選択肢はほとんどなかったといえます。思い切って父の国へと強制送還される道を選んだ2世もいますが、しかし、彼らを待ち受けていたのは敗戦後の過酷な日本の現実でした。

結局、多くの2世たちは、母とともにフィリピンに残留する道を選ぶしかありませんでした。戦後の混乱の中、フィリピン人たちから憎悪の目を向けられる恐怖と命の危険におびえながら、日本人である残留2世たちは、フィリピン社会でなんとか生き延びてきたのです。

こうして、残留した2世たちの総数は、私たちが把握しているだけで3900名にも達します。その多くが他界し、今も生きているのは約1600名(日本国籍回復者・音信不通者含む)。

日本人であるが故に背負った重荷は、彼らから愛国心を奪うどころか、ますます父の国・日本への愛を募らせ、自分の同胞である日本からの暖かなまなざしと手が差し伸べられる日を心待ちにしています。

しかし、戦争が終わってすでに75年が経ちました。どんなに忍耐強い2世たちにも時間の限界が訪れようとしています。彼らをそのまま置き去りにしてしまっては、私たちは彼らが日本とのつながりを取り戻す機会を永遠に奪ってしまうことになるのです。

残された時間はわずかです。そして、彼らが日本人としてのアイデンティティを取り戻すためには、日本の世論、そして政府と立法府の人たちの力が不可欠です。

今、彼らを救うことができる人たちへ。我々の思いと彼らの「今」をお伝えするために、この本を急遽まとめることにしました。

この本からほとばしる、彼らの声にしばらくの間、耳を傾けていただければ幸いです。

河合弘之

目次

〈第2章〉残留者たちの肖像 63

〈第3章〉

フィリピン残留日本人〈ハポン〉関連地図

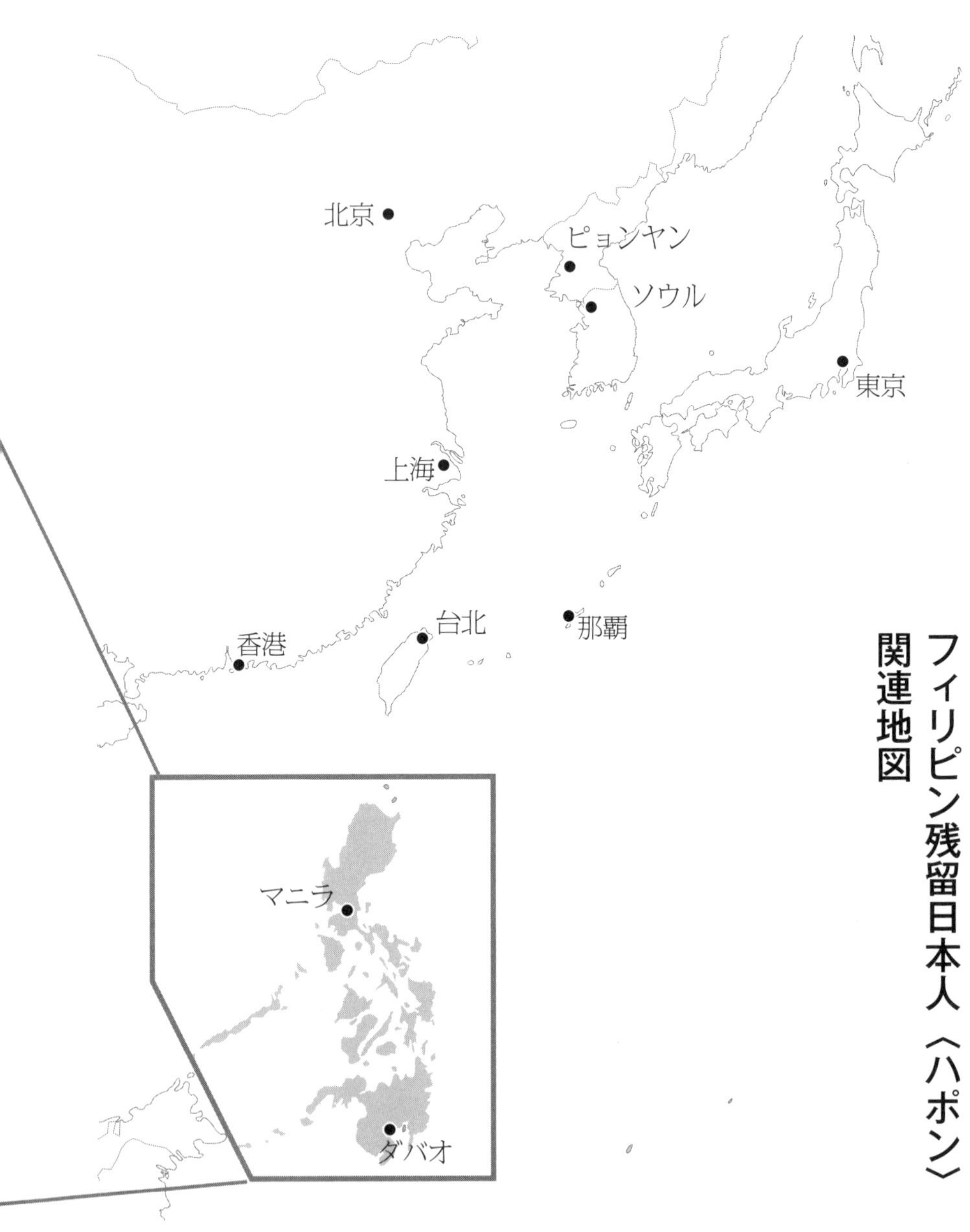

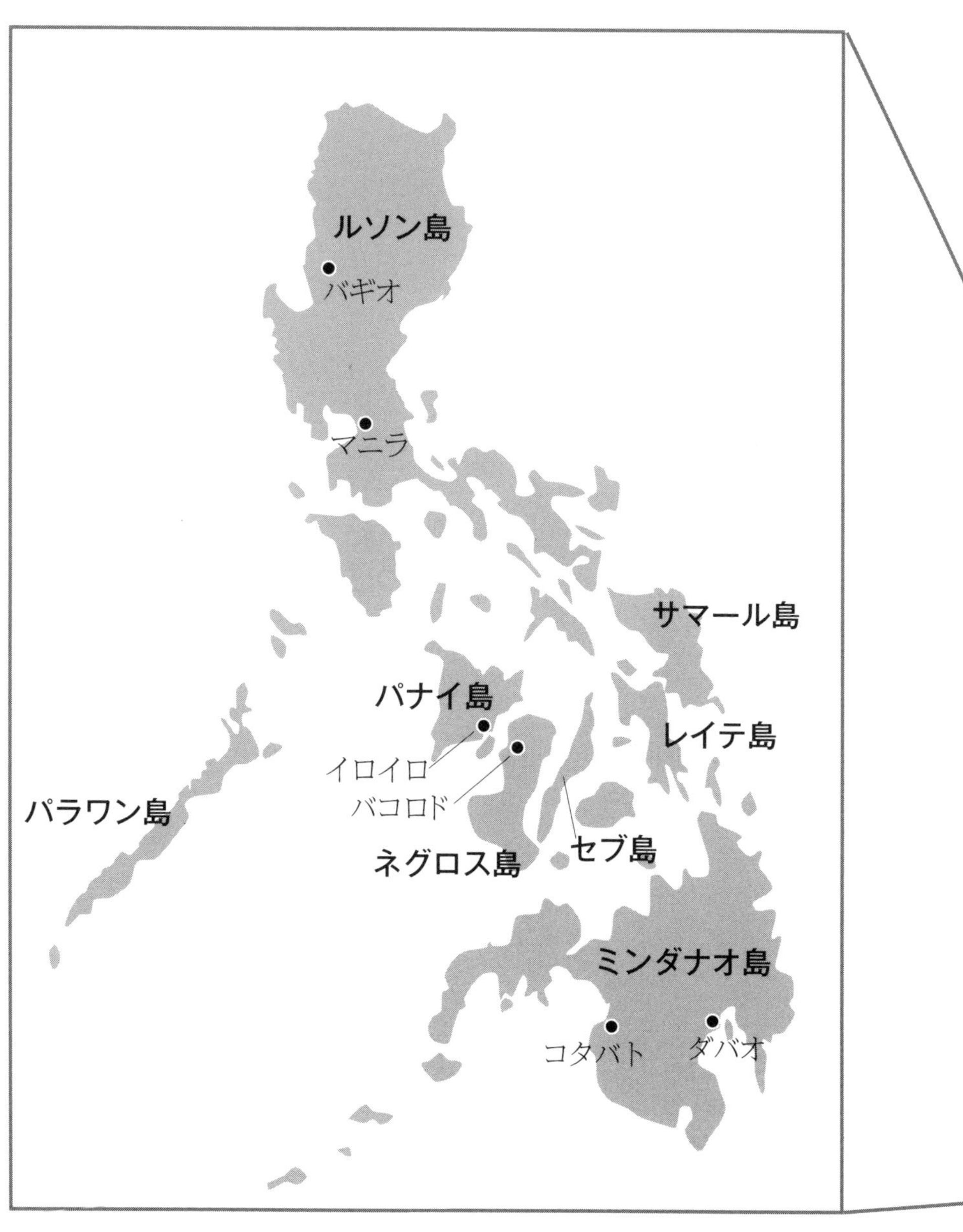
ルソン島
バギオ
マニラ
サマール島
パナイ島
レイテ島
イロイロ
バコロド
パラワン島
セブ島
ネグロス島
ミンダナオ島
コタバト
ダバオ

フィリピン残留日本人〈ハポン〉略年表

1858（安政5）年　日米修好通商条約が締結され、江戸時代の鎖国政策が完全に終わる

1901（明治34）年　フィリピン、アメリカの軍政から民政へ
パンガシナンからバギオまでを結ぶベンゲット道路の工事が始まる（1905年完成）

1903（明治36）年　日本から第一陣のベンゲット移民がマニラに到着

1907（明治40）年　ダバオに太田興業が設立、アバカ麻の栽培が本格化する

1914（大正3）年　第一次世界大戦勃発、アバカ麻ロープの需要が高まる

1917（大正6）年　マニラに日本人小学校が設立される

1931（昭和6）年　柳条湖事件を機に満州事変始まる

1934（昭和9）年　米国でフィリピン独立法成立、10年

バギオの日本人小学校

の移行期間を経ての独立を約束

1937（昭和12）年
盧溝橋事件勃発、日中戦争が始まる

1939（昭和14）年
太平洋戦争前、フィリピン全土の日本人は3万人をこえた

1941（昭和16）年
太平洋戦争勃発　日本軍第14軍がフィリピン各地に上陸

1942（昭和17）年
フィリピンのコレヒドール島陥落、アメリカ極東軍降伏
ミッドウェー海戦で日本軍大敗

1943（昭和18）年
フィリピン共和国が発足、実質は日本軍による傀儡

1944（昭和19）年
米軍がフィリピンのレイテ島東岸から上陸、各地で猛攻撃

1945（昭和20）年
6月　沖縄戦の組織的戦闘が終結、米軍が占領
8月　広島、長崎に原爆投下
8月14日　外務省「居留民はできる限り現地に定着させる方針」通達
8月15日　日本の敗戦

移民によって構成されたカリナン義勇隊

1952（昭和27）年　サンフランシスコ講和条約発効、日本が独立を回復。

1956（昭和31）年　日比国交回復

1959（昭和34）年　「未帰還者に関する特別措置法」公布

1972（昭和47）年　バギオに「北ルソン比日友好協会」が設立

1973（昭和48）年　日比友好通商航海条約をフィリピン政府が批准

1980（昭和55）年　ダバオの日系人会「フィリピン日系人会」が発足

この頃、フィリピン各地で日系人会の結成が進む

1992（平成4）年　フィリピン日系人会連合会が発足

1995（平成7）年　外務省による初のフィリピン残留日本人調査

2003（平成15）年　フィリピン日系人リーガルサポートセンター（ＰＮＬＳＣ）設立、現地調査スタート

2006（平成18）年
フィリピン残留日本人2世に初の就籍（国籍回復）許可審判が下りる

2015（平成27）年
外務省がPNLSCに全国調査を委託
安倍首相にフィリピン残留2世の代表団が面会

2016（平成28）年
天皇皇后がフィリピンへの慰霊の旅で残留日本人と面会

2017（平成29）年
フィリピン残留日本人2世の就籍人数が200人を突破
フィリピン司法省と国連難民高等弁務官事務所（UNHCR）の連携による無国籍認定始まる

2019（令和元）年
フィリピンから残留日本人の代表団が「最後の陳情」のために来日、国会議員と面談、署名を手渡す

2020（令和2）年
UNHCRフィリピン事務所がフィリピン残留日本人問題解決のための調査報告書を作成

写真提供：日本財団

注

先住民族の表記について

1993年の「世界の先住民の国際年」などを契機に、世界的にもTribe（部族）ではなくIndigenous（先住民族）という言い方が推奨された時期がありましたが、フィリピンをはじめ先住民族自身が自分たちのルーツについて誇りをもってTribeと表記しており、本書ではTribeの訳として「部族」「族」と表記しています。

本書の構成について

第１章および「まえがき」「あとがきにかえて」を河合弘之が、第３章を猪俣典弘が執筆し、２章の「残留者の肖像」は、現地調査を実施したそれぞれのスタッフが執筆しています。

第1章

残留日本人問題を理解するQ&A

河合弘之

Q1

「ハポン」とは、どういう意味でしょうか？

ハポンは「hapon」と表記し、フィリピンの言葉で「日本人」を意味します

フィリピンでは、タガログ語やビサヤ語、イロカノ語など、地域や民族によって異なる言語が使われています。日本でも、関西弁、秋田弁、琉球弁などが存在するのと同様です。

しかし、「日本人」のことは、フィリピンのどの地域においても「ハポン」と言います。ローマ字では「hapon」と表記しますが、その言葉が発せられるとき、差別的な意味合いや否定的な意味合いが含まれて使われることがしばしばあり、それもフィリピン全土で共通なのです。

今回、私はフィリピン残留日本人問題を伝えたくてこの本を書いているわけですが、彼らは長らくフィリピン社会において「ハポン」という言葉を突きつけられてきました。単に「呼ばれた」ではなく「突きつけられた」という言い回しがまさしくぴったりの状況がありました。

今や、日本の友好国となり、人の交流も盛んなフィリピンですが、歴史を少しさかのぼり、ご高齢の方たちの記憶の薄皮をはいでいくと、「ハポン」という言葉にまつわる深い怒り、悲しみが噴き出してきます。

太平洋戦争において、フィリピンが被った甚大な被害を知れば知るほど、フィリピン社会において「ハポン」という言葉に含まれた意味合いへの理解が深まります。

具体的な数字で言うならば、フィリピン戦線での軍民合わせた日本人の戦没者は51万8000人といわれるのに対し、フィリピン人の犠牲者は110万人にものぼるという戦争被害の現実があります。その戦争は、アメリカからの独立がすでに約束されていたフィリピンに日本軍が侵攻したために、ほぼ全土が地上戦に巻き込まれてしまったという、フィリピン人にとってはあまりにも不条理なものでした。

そのフィリピン社会で、侮蔑の意味を含む「ハポン」として厳しい戦後を生きてきたのが、フィリピン残留日本人なのです。

Q2 フィリピンに残留した日本人はどのぐらいいたのですか？

日本への引き揚げ船に乗ることのできなかった約4000人が残留しました

「ハポン」と呼ばれる残留日本人たちはみな、フィリピンで生まれ、フィリピンで育ちました。彼らは、戦前にフィリピンへ移住した日本人移民の子どもたちです。

明治以降、貧しかった日本は世界各地に積極的に移民を送り出していました。北米や南米、そして満州国が建国された中国本土や南洋群島など、世界のあちこちに日本人移住者たちが散らばっていたのです。

アメリカの植民地とはいえアジアの最先進国だったフィリピンにもまた、大勢の日本人が移住しており、太平洋戦争前夜には3万人もの日本人移民が暮らしていました。この移民が、残留した「ハポン」の父親たちです。

彼らの中には、フィリピン人の女性と結婚し、豊かで幸せな家庭を築いた人たちが大勢いました。そして、多くの2世の子どもたちが生まれます。日本風の名前を名付けられた子どもも多く、彼らは日本人として育てられました。

フィリピン社会に根差して暮らしていた彼らの生活は、太平洋戦争の勃発とともに一変しました。1941年12月の開戦と同時に日本軍が上陸し、アメリカの植民地だったフィリピンを実効支配します。以後、各地の日本人社会は本土の日本人と同様、国家総動員体制に組み込まれ、食糧確保や物資の供給など、全面的に日本軍を支えることになりました。

44年、レイテ島を皮切りに、アメリカ軍が猛攻撃を展開しフィリピンに再上陸します。フィリピンゲリラとアメリカ軍からの激しい攻撃に追い詰められ、日本軍と在留日本人は山中に逃げ込みました。

大勢の餓死者・病死者を出したジャングルでの悲惨極まる逃避行の末、45年8月に日本が降伏すると、山中に逃げていた日本人たちは山を降りて強制収容所に入れられます。そして、引き揚げ船に乗せられて日本へと強制送還されたのです。

この時、日本への引き揚げ船に乗ることのできなかった日本人移民の子どもたちが、大勢残留しました。その正確な数は今もって誰も把握しきれていませんが、私たちが外務省の委託を受けて継続してきた調査から推定するに、4000名近くが残留したと考えられます。
彼らがフィリピン残留日本人です。

戦後、日本に対するフィリピン人の怒りはすさまじいものがありました。ゲリラ討伐の名のもとに、フィリピン人が日本軍によって大勢虐殺されていましたし、大規模な市街戦が繰り広げられたマニラでも多くの市民が命を落としていました。日本兵による略奪などもいたるところで起きていましたから、フィリピン人が日本人に強い憎しみを抱くのも当然のことでした。
そして、彼らのその憎しみは、目の前にいる日本人、つまり強制送還されることなくフィリピンに残留した「ハポン」たちへと向かっていったのでした。

Q3 彼らはどうして残留することになったのでしょうか？

スパイ容疑をかけられたハポンたちは情報もなく「帰国」を決意できませんでした

彼らはなぜ、日本へ強制送還されずにフィリピンに残留したのか。

厚生労働省が、中国残留孤児のようにフィリピン残留日本人を支援しない理由のひとつとして挙げるのが「自己の意思で残留した」というものです。

ソ連兵からの攻撃にさらされ、餓死寸前まで追い詰められ、生き延びるためにやむなく中国人の手にゆだねられた中国残留孤児とは違い、フィリピン残留日本人は、日本に帰ろうと思えば帰ることができたのに、自分でフィリピンにとどまることを選んだから、というのです。

しかし、果たして本当にそうでしょうか。

残留日本人の多くは、日本人を父親に持ち、フィリピン人を母親に持つ2世でした。敗戦当時、日本人の父親と行動を共にしていた2世はほとんどいません。戦局の悪化に伴い、ほとんどの父親は現地で軍人軍属として徴用されていました。あるいは、一定の年齢に達していた2世たちが、軍人や軍属として日本軍と一緒に行動していたケースもあります。まだ幼かった2世たちは、母方の親せきの元に身を寄せたり、母親とともに山中にひっそりと隠れ住んだりするなどして、自分たちの身を守っていました。

いずれにしても、父親とともに終戦を迎えたという2世は大変少なく、ほとんどの場合、父親と生き別れ、あるいは戦中に父親を亡くしていました。

戦況が米軍に傾くと、日本語が話せる2世たちはスパイの容疑をかけられ、母子で山中に逃げ隠れた例は数多くあります。そのため、生き別れた父親の生死どころか、強制送還の船が出ているという事実さえ知らずに過ごしていた2世も少なくありません。また、たとえその事実を知っていたとしても、父親の生死もわからず、日本のどこに行けばよいかすらわからず、いまだ行ったことのない敗戦後の日本へ「引き揚げる」という判断を、2世たちができたでしょうか。日本人と名乗り出ることが、即座に命の危険と直結するような戦後の混乱期、隠れていた山中から出てきて日本人として収容所に出向く、という選択が現実的だった2世など、きわめてまれであったことは明らかです。

戦後の混乱期が終わったあとでも、極度の貧困と無教育（迫害されるために学校に行けない2世も少なくなかった）にあえぐ彼らには、生死も住所も不明の父を訪ねて日本に行くことは事実上不可能でした。

「自己の意思で残留した」という日本政府の主張は、戦争に巻き込まれ、平和で豊かだった現地の日本人社会が崩壊した果てに、戦後の混乱と、日本人への憎悪の中に取り残された2世たちの当時の状況を全く理解していない、あまりにも形式的なものと言わざるをえないのです。

Q4 お父さんが日本人だと、2世の子どもたちも日本人なのですか？

日比両国とも国籍について「父系血統主義」をとっていましたので、父が日本人ならその子も日本人です

フィリピンで生まれ、フィリピンで育ってきた残留日本人である2世たち。彼らは実際に日本人なのか。フィリピン人ではないのか、という質問を受けることがあります。

結論から言うならば、父親が日本人である以上、当時の日本の法律においても、フィリピンの法律においても、彼らは日本人です。

当時は日本もフィリピンも、子どもの国籍について「父系血統主義」を採用していました。父系血統主義とは、子どもは父親の国籍を継承する、というものです。

今では、日本もフィリピンも、両親の国籍が異なる場合、子どもはどちらの国籍も選択することができますが、当時は父親の国籍を自動的に取得することになっていました。ですから、フィリピン残留日本人たちは、法律の上で「日本人」なのです（ちなみに、日本が父系血統主義をやめたのは1984年のことです）。

フィリピン司法省の見解も同様です。司法省の無国籍難民保護課では、フィリピン残留日本人は、法律の上では日本人であり、日本政府が彼らを日本人であると認めない限りは無国籍状態が続いてしまうのだという見解を明らかにしています。

この「無国籍状態」は大いなる人権問題だという立場から、国連難民高等弁務官事務所（UNHCR）と共に、無国籍状態の解消のために尽力を惜しまないと言っています。

一方、母親はフィリピン人ですから、母親からはフィリピン文化の薫陶を受けていました。2世たちは2つの文化が融合した豊かな生活空間の中で育てられていたといえるでしょう。生まれ育った地元の言葉も話せる一方で、日本人学校や父親からは日本語を教わっていた。フィリピンの日本人社会において、2つの国にアイデンティティを持つ子どもたちとして、一定の存在感を放っていたのです。

しかし、戦後は激しい反日感情から身を守るため、残留日本人たちの多くはフィリピン名を名乗り、表向きはフィリピン人として生きてきました。

Q5

2世たちは、どんな暮らしをしていたのでしょうか？

日本風の名前をもちつつ、フィリピン社会で共生していました

日本人の子どもとして生まれ、「ハツエ」「賢太郎」といった日本風の名をもつ多くの2世たちは、現地の日本人学校に通い、日本人としての教育を受けていました。2世たちが語る父親像からは、異郷にありながら「日本らしさ」にこだわる父親の姿が浮かび上がってきます。

「お父さんは、よくカツオをとってきては燻製にしていました。そして木のように硬くして、削って食べたりしていました」

「お父さんは、米を握って丸くして、ミソをつけてあぶって食べていました」

「お父さんは生の魚を食べるのが大好きでした」

「お父さんは木を削って箸を作って、私たちにも箸で食事をするようにと言いました」

「お父さんは、足の短いテーブル（座卓のようなものか）を作って、そこで座って食事をすることにこだわりました」

「お正月になると、お煮しめやかずのこ、たくわんなどでおせち料理を作ったりしていました」

「普通はサツマイモを切ってゆでるのに、お父さんは切らずに丸ごと蒸かして食べるのが好きでした」

「お父さんは、大根や海藻を使った甘口の料理を作ったり、鶏肉ですき焼きを作ったりしていました」

「親父は、『アポ仙人』とあだ名されるほどアポ山のことはよく知っていて、目をつぶっても歩けるほどでした。鹿狩りの名人で1日に50頭捕まえることもありました」

日本の食文化や伝統などを大切にしながらも、フィリピン社会に溶け込んで生活していた様子がよくわかります。

現地の言葉を上手に話し、地元で困っている人がいたら進んで一肌脱ぐような性格で、地域でも頼りにされていた、というようなエピソードを聞くこともありました。

そういう性格の人だからこそ、フィリピン社会に上手に溶け込んで、共生できたのかもしれませんし、異文化を受け入れるフィリピン社会の柔軟性や懐の深さなどもあったといえるでしょう。

フィリピン人を母に持つ2世の誕生によって、日本人社会がさらに深く地域とつながりながら発展していたようすがうかがえます。

Q6 戦中、2世たちも日本軍に協力していたのですか?

個人の苦悩とは別に、土地勘があり言葉が話せる2世は日本軍に重宝がられました

日本人の子どもとして生まれ、日本人として育てられた2世たちの多くは、当時、在留日本人たちが作った日本人学校に通い、日本人としての教育を受けていました。

真珠湾攻撃によって日米の戦争が始まり、フィリピンの宗主国であったアメリカは、在留日本人たちを強制的に収容します。しかし、まもなく日本軍が上陸して、収容所の日本人は解放されました。

フィリピン人にとって日本軍は侵略者であったでしょうが、当時の在留日本人たちにとっては、日本軍は「解放者」でした。2世たちの多くも、父の国、日本から来た「兵隊さん」を尊敬と感謝の目で見つめたようです。

しかし、フィリピンの平和だった日々は終わりをつげ、治安は急激に悪化していきました。南部ミンダナオ島の大都市ダバオでは、在留日本人による自警団が各地で結成され、反日的なフィリピン人の摘発に積極的に協力することになります。

日本の軍政に協力し、日本軍を支えるために総動員された在留日本人たちと、現地のフィリピン人との間の亀裂は決定的なものとなりました。

それまでフィリピン社会で共生していた2世たちは、「本国」の戦争に否応なく巻き込まれ、父の国と母の国のはざまで引き裂かれました。

そうした苦悩をよそに、土地勘があり現地の言葉が話せる2世は、日本軍に重宝がられました。猟師である父親から銃の使い方を教え込まれていた2世は、日本軍の案内役として山中を敗走していく途上、その銃の腕前を発揮して多くのフィリピン人を殺したために、戦後、長らく山中に隠れていなければなりませんでした。

一方で、日本兵がフィリピン人から盗んだ水牛を、返してあげてほしいと頼みに行ったところ、日本兵に殺害された2世の少女もいました。彼女はまだ12歳でした。彼女のお兄さんは、日系企業の仕事をやめて抗日ゲリラの一員となる道を選びました。

あるいは、アメリカのタバコを持っていたというだけで、スパイ容疑をかけられて憲兵隊に拷問を受けて殺された2世の青年もいました。その青年の弟は、日本の関連会社で働いていましたが、フィリピン人ゲリラによって殺害されました。

日本からもフィリピンからも、常に敵意と疑惑の目を向けられるのが、2つの国の両方にアイデンティティを持つ2世たちでした。

聞き取り調査では、戦中の苦しい立場を象徴するようなエピソードを多く聞きましたが、最終的には、日本人社会の一員として日本軍に協力する道を選ぶ2世が多かったのです。

その事実が、残留した2世の戦後をますます苦しいものにしたのでした。

Q7 残留した2世たちは、日本人であることを完全に隠していたのですか？

隠そうとしましたが、多くの人はバレていたのが現状です

多くの2世が、父親から名付けられた和風の名を捨て、父親の苗字を隠し、フィリピン人である母の姓や、母がフィリピン人と再婚した場合は再婚相手の苗字を使い、フィリピン名を名乗って暮らしてきました。

アイコ、マリエなど、日本の名をそのまま使い続けてきたという2世もいますが、きわめてまれです。多くが、セレスティノ、パブロ、アントニナといったフィリピン・スタイルの名前を名乗って生きてきました。

しかし、名前を変えたからといって、戦前からフィリピンで暮らしていた日本人ファミリーのことを地元の人たちがわからないはずはありません。そのため、通っていた学校や地域などで蔑みや怒りとともに「ハポン」と呼ばれ、いじめられる経験をした2世は少なくありません。

日本軍に深く協力した2世に対しては、フィリピン人の怒りはことさら激しく、こうした2世たちの中には故郷の村には二度と戻らず、遠く離れた場所に移り住み、新しい名前で新しい人生をスタートさせた人もいます。かつては隣人であったはずの2世の、戦時下の振る舞いは、フィリピン人にとってひどい裏切りに思えたことでしょう。

日本人の父親につながるような証拠を焼き捨ててしまった残留2世も少なくありません。足の上にものを落とされて、思わず日本語で「痛い!」と叫んでしまおうものなら命の危険にさらされたと言います。

「ハポン」という重荷を背負った彼らの、長い戦後の始まりでした。

国と国のはざまで生きる人たちは、ひとたび国同士が争いを起こすと、その最前面で引き裂かれ苦しむことになるのだという現実を痛感します。国境を越えて多くの人が移動し、多様性が進む現代の社会ではなおさら、国家による対立によって、どれだけ多くの人たちが複数のアイデンティティのはざまで苦しむことになるか、私たちは肝に銘じるべきでしょう。

Q8

日本人であることを隠していたのに、どうして今、カミングアウトするのですか？

「今」だけでなく、長年にわたって声を上げ続けてきた人も少なくありません

カミングアウトは、今始まったことではありません。日本とフィリピンの国交が回復（1956年）して戦後補償や経済援助としての円借款が大きく進むと対日感情もよくなり、敗戦後に日本に引き揚げた元移民者らが慰霊のためにフィリピン南部のダバオを再訪するようになると、徐々に残留2世たちも動き始めます。

60年代には日本経済が目覚ましい成長を遂げつつあり、また、フィリピン社会に渦巻いていてい

た反日感情も徐々に薄らぎつつありました。それに呼応する形で、2世たちの中から、閉ざしていた重たい口を開き始める人がでてきたのです。

日本人移民が最初に定住したルソン島のバギオでは、残留日本人たちの存在を知った日本人シスターの海野常世（うんのとこよ）さんの地道な働きかけをきっかけとして日系人の互助組織が生まれ、72年に「北ルソン比日友好協会」が設立されました。

ダバオでも慰霊団との交流をきっかけに残留者同士がつながり、80年には「フィリピン日系人会」が誕生します。

もはや、フィリピン社会の片隅で沈黙している必要はない。日本人であることに後ろめたさを抱かねばならない時代は終わった。そう考える2世たちが増え始めていました。

ところが、証拠を捨て、長らく口を閉ざしてきた2世たちにとって、「日本人であること」を証明することは著しく困難でした。

そのため、今に至るまで、父親の身元がわからず、身元未判明のままの残留者たちが３００名近く存在するという事態になっています。あるいは、父親の身元は判明したものの、その父と自分とのつながりを明らかにすることができずにいる残留者たちも６００名以上存在していると推測されます。

そして、日本人であることの確認を求めながら、年々、何人もの残留者たちが志半ばにして天国に召されるという状況が続いています。戦後75年という年月の残酷さを感じずにはいられません。

つまり、「今になってカミングアウトしている」のではなく、長らく声を上げ続けているにも関わらず、抜本的な支援策が日本政府から講じられることもなく放置され続けている、というほうが実態に近いでしょう。

一方で、情報の行き届かなかった離島、これまで足を運んでいなかった地域などに私たちが調査に入ると、いまだに新しく名乗り出てくる残留者たちがいるというのも事実です。ことさら反日感情の激しかった地域などで、亡くなった母親の言いつけを守って固く口を閉ざしていた2世たちが、日本人スタッフの姿を目にして、日本人が自分に会いに来たということに感動の涙を流しながら、自分のつらい戦後について語り始める、ということがたびたびあるのです。

Q9 どうして日本人であることの証明が困難なのでしょうか？

個人的な理由と、大規模な地上戦がおこなわれたフィリピンの事情が絡み合っています

身元判明が困難である典型的な例をご紹介しましょう。

ミンダナオ島コンポステラバレー州マビニ町在住のタクミ・ミノルさん（90ページ参照）。彼のフィリピン名はメラニオさんで、お父さんはタクミという名前の日本人です。すでにミノルさんのお母さんは亡くなっており、お父さんについての詳しい情報を聞くことはできませんが、日本からダバオに入植し、古川拓殖とつながりのある日系資本による農園で大工として働いていたということだけは聞かされていました。

ミノルさんは開戦直後の1942年1月にマビニ町で生まれました。開戦後、父のタクミさんはほかの日本人たちと行動を共にするようになり、そのまま行方がわからなくなってしまいました。戦死したのか日本へ強制送還されたのかさえわかりません。

フィリピン兵の襲撃を恐れたミノルさんのお母さんは、タクミさんが持っていた書類や父の写真など所持品を焼き捨てました。そのほかの遺品なども、家の火災で焼失してしまいます。持ち物の中で残ったのは、タクミさんの大工仕事で使う古い直角定規と日本製のお皿1枚だけ。それらを、ミノルさんは今も大切に保管しています。

戦後、ミノルさんは日本人であることを隠すため、ミノルと発音の似ている「メラニオ」というフィリピン名を名乗って生きてきました。

地域の人たちからの「タクミは日本人だった。メラニオは間違いなくタクミの子どもだ」という証言もあるのですが、「名前はタクミ、仕事は大工」という情報だけでは、父親の身元の特定はできません。日本の家庭裁判所で何度か就籍（49ページ参照）を申し立てましたが、却下され続けてきたのです。3度の却下ののち、15年もの粘り強い挑戦によってようやく2020年、広島高裁によって就籍許可の決定が下されました。

余談ですが、このミノルさんは、塚本晋也監督が2013年に撮影し、15年に公開した『野火』という映画で、日本兵の役で出演しています。日焼けはしていますが、顔の造形はどこからみても昭和の日本人の顔そのものだったので、ミンダナオで映画を撮影していた塚本監督が出演をオファーしたと聞きました。ワンシーンだけですが、冒頭で田村一等兵にお芋を渡す役です。

よければぜひご覧ください。

大規模な地上戦が繰り広げられたフィリピンでは、婚姻契約書や出生証明書、洗礼証明書などが保管されていた市役所や教会が破壊され、証書類がなくなっているところが少なくありません。また、紙ベースの保管のため、シロアリや洪水被害などで、戦前の書類は多くがダメージを受けています。

戸籍がきちんと整備されている日本では想像しづらいかもしれませんが、実は、4人に1人が亡くなったといわれる過酷な地上戦を経験した沖縄も同様の状況にありました。爆撃を受けて市役所が破壊され、保管していた戸籍が大量に焼失してしまった沖縄では、戦後、関係者たちの証言、陳述などから、身分関係の公文書を再構築していったのです。

Q 10

日本人であることを〝確認〟するとは、具体的にどういうことでしょうか?

わずかな公的書類から父の身元と親子関係を証明することです

まず、父親の身元を明らかにすることです。先述のとおり2世たちの出生当時は「父系血統主義」といって父親の国籍で子どもの国籍が決定されたので、父親が日本のどこの出身で、誰なのかを明確にするのです。

具体的には、本人の陳述やわずかに残された証拠に基づいて、外務省の外交史料館に保管されている戦前の「旅券(パスポート)下付表」や、アメリカの国立公文書館に保管されている「俘虜（捕虜）銘々票」（強制送還名簿）、あるいはフィリピン側で、各地の教会やマニラの国立公文書館などが保管している出生や婚姻、洗礼などの古い記録から、それらしい人物を探すといったことです。こうした作業を、今、私たち市民団体（NPO「フィリピン日系人リーガルサポートセンター（PNLSC）」）の手で地道に行っています。市民団体が自力で行うには、あまりに時間と手間のかかるプロセスですが、この作業によって父親が見つかった人が少なからずいます。

父親の身元が特定できたら、今度は親子関係を明らかにしていきます。

この日本人男性がフィリピン人女性と結婚して生まれた子どもが、今、フィリピンに残留している「この2世」なのだという、そのつながりを明らかにすることが必要です。

これもまた、日本とフィリピンの文化的な背景の違いから、大苦戦が続いています。

戦火やその後の洪水などで行政書類が消失したケースのほか、少数民族やイスラム教徒などの場合は市役所に届け出るという習慣がそもそもないということもあり、市役所に2世の出生記録が存在していないケースが大半なのです。

フィリピンでは、いまでも出生や婚姻を役所に届け出るという習慣のない人が少なくありません。そういう人たちのために、フィリピンでは「遅延登録」という制度が設けられています。

これについては192ページで詳述しますが、「遅延登録」による証書の有効性を日本の法務省がどのように取り扱うのかという問題が発生している状況もあります。

そもそも、戦争によって日本人父とのつながりをすべて破壊されたような2世たちに、自力で父とのつながりを証明する書類を整えよ、という方が無理というものです。

2世が生存している場合、日本の家庭裁判所に「就籍」を申し立てるという方法が最も有効です。これは、日本人の親の身元が特定できない場合も可能な方法です。家庭裁判所は、原告と被告の対立に対して裁きを下す一般の裁判所とは違い、いわば「愛の裁判所」です。家裁の裁判官が「この人は日本人父とフィリピン人母から生まれたであろう」と判断すれば、就籍許可がおります。許可がおりたら、日本の好きなところを本籍地と定めて戸籍を作り、そこに自分の出生を登載することができます。父の戸籍に就籍することも可能ですし、まったく新しい本籍に自分の戸籍を作ることも可能です。

中国残留孤児についても、私は「就籍」という方法で1250名の中国残留孤児たちの日本国籍回復を実現させました。

中国残留孤児のときは、日中両政府が共有した「孤児名簿」が大きな力を発揮しました。フィリピン残留日本人についても、日比両政府が協力して「残留者名簿」を作り、それに基づいて残留した2世たちを一括救済してほしいと切に願います。

Q 11

フィリピン残留2世たちは日本で暮らしたいのですか。一番の希望は何ですか。

日本人に「なりたい」のではなく、日本人で「あること」の確認が最大の希望です

1980年代に訪日調査が本格化した中国残留孤児たちは、当時まだ40代50代でしたから、日本国籍回復後は日本に帰国定住する人たちがほとんどでした。

しかし、中国残留孤児の救済から30年も40年も遅れた状況にあるフィリピン残留日本人＝ハポンの平均年齢は、すでに80歳を越えています。今から住み慣れたフィリピンを離れ、日本に移住したいと考えている2世はほぼ皆無と言っていいでしょう。

つまり、フィリピン残留2世たちは、日本への帰国を求めているわけではないのです。ましてや、中国残留孤児のような定住支援、生活支援といった社会保障策を日本政府に求めているわけでもありません。

もちろん父が軍人や軍属として戦死した場合は、条件に応じて遺族年金などの給付対象になることもあるでしょう。その権利を行使するのかしないのかは、本人たちの判断や個々の状況にゆだねられるべきことです。

今、残留者たちが切望しているのは、「自分たちは日本人として生まれ、日本人として育てられ、戦時下では日本人として軍に協力し、父親も日本人として軍とともに戦ったのだから、自分は日本人であるということを日本政府に認めてほしい」という、きわめてまっとうなことです。「気持ちの問題」と言ってしまえば、それまでですが、それがいかに大きいか、「生まれながらにして日本国籍」である人には、ぜひ想像力を働かせてほしいと願います。

日本で暮らしたいわけではないのに、なぜ日本人になりたいのか、という質問を受けることもしばしばあります。しかし「なりたい」のではなく、いま必要とされているのは「である」ことの確認です。

日本で暮らしたいから日本人になるわけではありません。自分のアイデンティティと、「どこで暮らしたいか」ということとは、本来全く別の問題です。

どこで暮らそうが、どこで人生を終えようが、彼らが日本人の子であるという事実は変わりません。

自分がこの世に生を授かったのは、日本人である父が存在していたからです。ぼんやりとした自分の記憶の中の父、周囲の人たちの証言の中からおぼろげに浮かび上がってくる父の輪郭を明らかにして、父の国に自分の存在を認めてもらってから死にたいと願っているのです。

それは一方で、日本人であるために余計な苦労を背負ってきた自分の人生において、子どもや孫たちに残してやれる大きな遺産でもあります。

日本人の子、日本人の孫という身分を明らかにして、人生の選択肢を少しでも広げてやりたい。そうした親心と無縁ではありません。

改めて言うまでもありませんが、私たち日本人が日本人としての権利を当たり前のように行使しているのと同様に、彼らにもその権利があるのです。

Q 12

フィリピン残留日本人が日本政府に求めていることは、何なのですか。

自分の存在証明として、日本国籍を回復することです。

中国残留孤児たちの肉親捜しのための訪中調査は、日中国交回復後の1970年代から始まりました。当時はまだ、残留孤児の育ての親、養親たちも生きていましたから、「確かにこの子は日本人から預かりました」と証言できる人たちがたくさんいました。

当初は民間団体の手によって始まった肉親捜しでしたが、世論やメディアに背中を押されるようにして、81年には日本政府が訪日調査による肉親捜しをスタートさせます。

その後、そうした肉親捜しをしてもなお、日本の身元が判明しない残留孤児たちの存在がクローズアップされるようになると、再び世論やメディアに背中を押される形で、身元引き受け人制度が創設され、未判明の孤児も帰国支援が受けられるようになりました。

彼らは就籍という手続きで自分たちの名前を戸籍に登載し、私が結果的に深く長く関わることになったこの就籍事業によって、1250名もの中国残留孤児たちが日本人としてのアイデンティティを確立していきました。

多少後手に回りつつも、日本政府が中国残留孤児の救済に本腰を入れて取り組んだことで、身元捜しや帰国支援は大きく前進しました。

こうした優れた政策を実現させたのは、厚生省（現厚労省）の専門家たちです。これらの実績と専門的知識を兼ね備えた厚生労働省の人たちが本気になってフィリピン残留日本人問題を解決しようと思えば、きっと私たちが思いもつかないような効率的で効果的な救済策を設計できるのではないかと思います。

フィリピン残留日本人は、「たとえ、お父さんの身元が特定できなくても、お父さんも私も日本人であることは間違いないのだ」という強い思いを胸に抱いています。あるいは父親の身元は特定できていても、その父親との親子関係を明らかにすることが難しい残留者は、「証拠資料がすべて消失してしまっていても、自分は確かに生まれて存在しているのだから、日本人として父の戸籍に登載してほしい」と願っています。

存在証明としての「就籍」。先述の通り、就籍を希望する本籍地の管轄の家庭裁判所に許可の申し立てを行い、家裁からの許可の審判を得ることが必要です。その審判書と就籍届を、本籍地の市町村役場に届け出ることで、本人の出生の事実が戸籍に登載されます。

日本に自分の名前の記載された戸籍が存在すること。そのことによって、自分が生まれながらにして日本人であったことを明らかにする。そのためのプロセスとしての「就籍」なのです。

住んでいた地域が戦場になってしまったことも、それにより父親とのつながりを示す証拠がすべて散逸してしまったことも、自分たちの責任ではないからです。

Q13 フィリピン政府の残留日本人への対応は？

「いつでもフィリピン国籍を提供できる。しかし、侍の末裔たちの望みは日本での国籍認定だ」

フィリピン司法省は、フィリピン残留日本人の置かれた不安定な状況を、人権問題としてとらえています。

先述の通り、当時の日比両国の国籍法に照らすと残留日本人は日本国籍となるべきですが、日本政府が「日本人である」と認めない限りは「無国籍状態」に置かれるという認識です。

フィリピンは国連難民高等弁務官事務所（ＵＮＨＣＲ）とともに、全世界の無国籍者をゼロにすることを目指した「♯アイ・ビロング・キャンペーン」を展開しています。２０１４年にスタートしたこのキャンペーンは、10年の間に世界中の無国籍を根絶しようという決意のもとに実施されています。

誰もが、どこかの国の国籍を持ち、その国の保護を受けながら生活できるようになることを目指したものです。

フィリピン残留日本人も、まさしく「無国籍状態」となっていることから、フィリピン政府は、早急に解決すべき人権問題だという認識を持っているのです。

そこで今、フィリピン司法省が取り組んでいるのが、フィリピン残留日本人の「無国籍認定」。私たちは、19年8月、一気に１０３名の残留2世の無国籍認定をフィリピン司法省に申請しました。司法省は分厚い申請書の束を快く受理してくれたのです。

司法省・難民無国籍者保護課のメルビン・スワレス氏は力説しています。

「日本政府が認めない限りは、彼らは無国籍とならざるを得ない」

彼の言葉からは、日本政府さえ認定すればこれら2世たちの無国籍状態は解消できるのであり、今こそ日本政府の人道的配慮を求めるとの思いがにじみ出ていると私は感じました。

また、そうした動きと呼応するように、フィリピンのテオドロ・ロクシン外務大臣は、このようなツイートを同年9月に発信しました。

「私たちはフィリピン国籍をいつでも提供（※帰化のこと――筆者註）する用意があるし、登録手続きはいつでも始められる。とはいえ、彼らの願いは日本人になることである。ところが日本の国会はどうやらその声を聴こうとはしていない。そんな状況にあってもなお、彼らは近代の日本の侍(さむらい)の末裔たちなのである。不思議な国である」

Q 14

今、一番の問題は何ですか?

時間との闘いです。

中国残留孤児の救済から30年も40年も遅れた状況にあるフィリピン残留日本人たちは、先述の通り高齢化し、次々と他界しています。父親の身元が判明し、書類をようやく整えて「就籍」を申し立てても、その直後に亡くなってしまい、泣く泣く申し立てを取り下げたこともあります。民間の手による「身元捜し」や「就籍」では、時間切れになることは明らかです。「日本人であることの確認」は今や「時間との闘い」になっています。

当事者が亡くなってしまうと、私たちは、戦禍によって置き去りにされた同胞を救済するという機会を永遠に失ってしまうのです。問題の「解決」ではなく、問題の「消滅」です。本当にそんなことになってもよいのでしょうか？

中国残留孤児の救済のための英断を下し、「特別な事情に配慮した支援策」をまとめあげた当時の与党プロジェクトチームの皆さんの迅速な動きに、私は、政治の果たすべき役割の大きさを改めて認識しました。

同様の動きによってしか、残された時間のわずかなフィリピン残留日本人の根本的かつ全体的な救済はなし得ないといえるでしょう。

一方で、「フィリピンに残留した日本人がいること」は、まだ広く知られてはいません。

ここ数年、テレビメディアや全国紙をはじめ、ずいぶん多くのマスコミが報じてくれたのですが、中国残留孤児問題のようには、広く浸透していない感がぬぐえません。

「中国残留孤児が……」と話し始めれば、前提として戦前の移民の子どもたち、という認識が共有されますが、「フィリピン残留日本人がね……」と話をしても、「それは何ですか？」となり、そもそもの移民の歴史的できごとから解説を始めなくてはなりません。

いえ、今や中国残留孤児ですら、「それは何ですか？」というような世代が出てきていることでしょう。第二次世界大戦の悲惨な事実ですら、きちんと受け継がれているのか首をかしげざるを得ないような状況があります。

戦争という国策によって生まれながらに人生のダメージを受けた人たちを、国がどう救済するのか。

そのことが今、日本の我々に突き付けられているという現実を、多くの人に理解し共有してもらいたい。

そこで、映像と文章の力、両方からこの問題を広く訴えたいと思い、映画と書籍を同時に発信することにしました。映画『日本人の忘れもの　フィリピンと中国の残留邦人』の公開と、この本の刊行をほぼ同時にしたのは、そういう理由からです。

戦争が終わって75年が経過しました。

これは、はるかかなた昔の出来事だと思いますか。しかし今もまだ、当時の出来事によってダメージを受けた人たちが、そのダメージから回復すべく、日本人としての確認を求めて日本政府の答えを待ち続けているのです。

彼らの胸にあふれる「日本」への思いの源泉はどこにあるのか。複雑な彼らの胸の内を少しでも理解できればと、次の章で一人ひとりの生きざまをお伝えしたいと思います。

第2章

残留者たちの肖像

私のお父さんは日本人だから、私は日本人です

赤星ハツエさん

〈記録・猪俣典弘〉

「私のお父さんは日本人だから、私は日本人です」

ドキュメンタリー映画の取材に来たカメラを見据えて、そうはっきりと語ったのは、ダバオデルスル州サンタクルス町シブランに住む赤星ハツエさんでした。ドキュメンタリー映画『日本人の忘れもの　フィリピンと中国の残留邦人』（小原浩靖監督、2020年）のメインビジュアルにもなっている残留2世です。

お父さんは、サンタクルス町でアバカ麻と野菜を栽培していた赤星實さん。戦中に生き別れ、その後の消息は長いことわからないままでした。

1990年頃、同じ残留2世である田中愛子さんから日系人会の存在を教えても

らったハツエさんは、父の消息がわかるのではないかと考え、日系人会を訪ねました。

「父の名前は、アカボシミノル。熊本出身。7人きょうだいで、男は5人、女は2人だと言っていた……」

ハツエさんは記憶の中の父について語り始めたのでした。

私、子どもの頃は、父と日本語で話してましたよ。父が、自分で熊本出身なんだって言ってたんです。7人きょうだいだとか、男は5人なんだとか。父がフィリピンに来た時には、父の両親はすでに亡くなっていて、きょうだいの中でフィリピンに渡ったのは自分1人なんだとか。父と母はチャバカノ語で話していたけれど、私や妹のサダコと話すときは日本語。私たちが日本語で話さないと、よく叱られてね。今でも少しは覚えてるけど、でも、日本語、もうずいぶん忘れてしまったね。

母の話ではね、父は戦前にダバオデルスル州に来て、アバカ麻と野菜の栽培をしていたそう。カワムラ、タナカ、ホンダ、カワノといった日本人と一緒に住んでいたって。そして、近所に住んでいた私の母と出会ったのね。母はバゴボ族の女性で、名前はアモン・アヤップ。

両親が結婚したのは1925年11月20日。バゴボ族のスタイルで、頭をゴツンとぶつけ合って結婚する。儀式を取り仕切った部族長の家のあるダバオ市トリル地区バラカタンで行われた結婚式には、たくさんのバゴボ族の人たちが参加したそうですよ。

結婚の翌年、26年11月に私が生まれたあと、家族はサンタクルス町シブランに引っ越して雑貨店の経営を始めたんです。アバカ麻の仕事は体力的に厳しくなってきたということでした。妹のサダコは28年にシブランで生まれました。

雑貨店はもともと中国人が経営していたのを買い取ったそうで、私が8歳くらいの頃まで店があったから、よく覚えていますよ。米や芋、アバカ麻のほか、ドリアンやランソネスなどの果物も扱っていたわね。そのほか、父が飼育していた豚や鶏の肉も扱ってた。

地元のバゴボや日本人、いろんなお客が買い物に来ていたんですよ。店を取り仕切っていたのは母でした。

ハツエさんの記憶の中の父親像は鮮明でした。

ミノルさんはハツエさんをとても可愛がり、どこに行くにも連れて行ってくれたそうです。農業のことを教えてくれたのもミノルさんでした。父から教えてもらったという「でんでんむし」の歌を、今もハツエさんは口ずさむことができます。

ハツエさんはトリル地区カティガンにある日本人小学校へ1年間だけ通いました。

私の家は学校から遠かったから、カワムラやイワオクなど、母の親戚のバゴボ族の女性と結婚した日本人の家に住まわせてもらって、そこから通学してた時期があるんですよ。

学校にも母親がフィリピン人という2世の子どもたちがたくさんいたわね。私に日系人会のことを教えてくれた田中愛子、あとは小田正人や正子という兄妹とか。カワノ、タカモリ、ニシド……。たくさん2世の同級生たちがいたんだけど、私はたった1年しか学校に通えなかった。戦争が始まってしまったから。

戦争が始まると、父は日本軍に徴用されて、軍と一緒に行動するようになった。兵士になっていたと思う。戦争が激しくなってくると、私と母と妹は、シブラン川の奥にあるグーラムという山の方に避難したわ。日本人だとわかると殺されるような状況になってた。でも、私たちは近所に住むバゴボ族のアトスという知り合いとその家族たちが助けてくれたので、なんとか生き延びた。

父は一緒に逃げることはできなかった。日本軍のところで働いているから、シブランに残ったのよ。父は別れる時、「一生懸命、毎日働くんだ。食い物がなかったら、あんたたちはみんな死ぬ。一生懸命になることだ」と私たちに言い聞かせた。それが、父との最後の会話、それきり生き別れてしまったから。

戦争が終わり、ハツエさんたち家族はシブランに戻りました。母とともに、カモテ芋やトウモロコシを育てて食いつないでいたハツエさん。一緒に山中で避難生活を送っていたアトス家と支えあって暮らしたといいます。そのことがきっかけで、ハツエさんはアトス家の青年、インゴ・アトスさんと47年に結婚しました。彼は、戦前から父ミノルさんのことを知っており、父の雑貨店にも買い物に来たことがあり

ました。

ハツエさんは、とうもろこしや米を栽培しながら、インゴさんとの間に8人の子どもをもうけ、シブランでささやかに暮らしてきました。表向きはフィリピン人として。

父は私のことを「ハツエ」って呼んでいたけれど、母は「ハッチ」って呼んでいたの。ハツエは発音しづらかったのかもしれないね。それで、戦後は「ハッチ」という名前を使って生きてきたんです。

母は戦後も再婚することはありませんでしたよ。父のことが大好きだったから。

私たちは、父が戦争で亡くなったのか、生きて日本に帰ったのか、何もわからないまま戦後を生きて来た。フィリピン人として生きるしか道はなかったけれど、でも、やっぱり自分は日本人だという思いがずっと胸にあった。

父のことを知りたかった。生きているのならば会いたかった。それで、90年頃に、田中愛子に教えてもらった日系人会を訪れて、父の身元捜しをお願いしたんです。

その後、外務省に保管されていた渡航記録「旅券下付表」から、ハツエさんの記憶にある「アカボシ・ミノル」という名前と合致する人物が、1918年にフィリピンに渡航していたことが判明。また、米軍が当時、収容所で作成していた「収容者基礎記録」（俘虜銘々票）からも、45年7月13日にサンタクルス町で拘束され収容され

た「赤星實」さんの記録が見つかります。２０１０年のことでした。父、實さんは生きて捕虜となり、日本に強制送還されていたのです。しかし、１９６９年、本籍地である熊本県上益城郡で亡くなっていたことが判明しました。再会することはかないませんでした。

しかし、俘虜銘々票には、實さんの当時の写真と指紋が残されていました。確かな実感をもって、父、赤星實さんの存在を感じたハツエさんたちは、記録が見つかった翌年５月、東京家庭裁判所に就籍許可の審判を申し立てました。

申し立てから2年後、２０１３年1月に就籍の許可が下りたんですね。それは、嬉しかったですよ。

私のお父さんは赤星實、日本人ですから、私は日本人です。体力さえ許せば、お父さんの国・日本に行ってみたいんですよ。

でも、ダバオ市まで行っただけで、具合が悪くなり倒れてしまった。こんな体力じゃ日本に行くのは無理だって、娘たちに強く反対されたんですよ。だから、諦めました。

もっと早く、わかっていたらね。日本に行って、お父さんのお墓参りする元気があったのにね。

ドキュメンタリー映画のクルーがシブランの山中で暮らすハツエさんを撮影して

赤星ハツエさん（右）と記録者・猪俣。2018年３月、シブランの赤星ハツエさん宅にて

いたのは2018年3月のこと。その後、老いた母を案じた娘が、カリナンの自宅に呼び寄せます。カリナンで暮らし始めたハツエさんを翌19年に尋ねると、ハツエさんは一気に小さくなっていました。目の光もずいぶん弱くなっているように感じました。

会うたびに小さくなっていくハツエさんは、語る言葉も少なくなっていくように感じられました。過去を思い出しながら語るというのは、実は大変なエネルギーが必要なのだと改めて実感します。

しかし、19年11月、奈良教育大学の太田満准教授がリサーチのためにハツエさんを訪れたところ、最初はぼんやりして質問にもほとんど反応を示そうとしなかったハツエさんが、「日本に行きましょうか?」という語りかけを耳にした途端、いきなり目に力を取り戻したそうです。

「いつなの?」「いつ日本に行くの?」

そうはっきりと反応を示したハツエさんは、そこからは少しずつ質問に答えてくれるようになり、小学校で教わった「鳩ぽっぽ」を歌って聞かせてくれたそうです。しかし、その集中力も長くは続かなかったようで、まもなく上の空になってしまったということでした。

ハツエさんは、人生の晩年に、父親の實さんの存在をはっきりと確認することができました。

国籍回復できずにいる2世たちに比べれば、幸せな晩年だと言えるでしょう。でも、あと20年早く、實さんの身元がわかっていたならば。そう思わずにはいられないのです。

家族に一つもいい思い出はないけれど

久元ホセさん

〈記録・田近陽子〉

2010年、マニラの事務所にひとりの男性が訪ねてきました。色鮮やかな羽のついた帽子をおしゃれにかぶった、とても印象的ないでたちをしていました。ネグロス島バコロド出身の残留2世、久元（ひさもと）ホセさんでした。弁護士の資格を持つホセさんですが、今はデザイナーとして活躍しているといいます。

多才なホセさんは1944年8月生まれ、お父さんの記憶はありません。しかし、お父さんの子どもであるということに連なるさまざまな出来事は、癒しがたい傷をたくさんホセさんの人生に残していました。しかし、そうした傷に触れる時も、ホセさんは不思議なほどの陽気さで、次から次へと機関銃のように言葉をつないでいきました。

私の父の名前は久元シロ、日本兵だったそうです。私に父の記憶はないの。父について知っていることはすべて、母方の祖母から聞いた話なんです。

祖母によると、父は1941年、学校を卒業して間もない若さで、日本軍の一員としてフィリピンに渡ってきたそうです。それほどうまくはなかったけれど、英語も話せたって。父の日本の母は、フィリピンへ出征する父に向って「負けて帰ってくるくらいなら、戦地で死んで来い」と言ったそうよ。それが日本人の普遍的な考え方なのかもしれませんね。

父が母と出会ったのは、43年、バコロドの「ラ・コロナ・カフェ」というお店。当時、父はバコロドに赴任していて、同僚の日本兵たちと一緒に、ほぼ毎日のようにカフェに通ってきていたらしいんです。でも、母に話しかけることもなく、ずっと見ているだけだったって。

ところが、ある日を境に、父だけがカフェに来なくなったんですって。母も「あの人はどうしたのかしら」と気になっていたみたい。

それから数日後、突然11名もの日本兵がいきなり母の家に押しかけてきた。そして「今すぐ、あいつが入院している病院へ見舞いに行かないと、家族を皆殺しにするぞ」と脅してきたんですって。その時、母はカフェで働いていて不在、家にいた祖母はもうびっくり仰天、あわててカフェの母を呼びに行ったそう。当時、病気だかケガだか知らないけれど父は入院していて、母にどうしても見舞いに来てほしかったみたい。

正直、母は子どもの私から見て、それほど美人な女性ではないの。でも、どうやら、父の日本の母に似ていたらしく、父は母に一目ぼれしてしまったんでしょうね。

母は急いで父の見舞いに行ったそうです。あまりに荒っぽい求愛だけど、戦時下は、そんなものだったのかもしれない。父の退院後、ふたりは一緒に暮らし始めたそうです。

1944年8月、バコロドでホセさんが生まれました。バコロド教会の洗礼台帳には、同年10月のホセさんの洗礼記録が残っています。そこには、父親の名前として「JERO HISAMOTO」と記入されています。アメリカ軍がすでにレイテ島に上陸し、戦局がどんどん悪化している頃でした。それから数カ月後、ホセさんの父は、軍命に従いバコロドを離れなければならなくなります。ホセさんはまだ、7カ月の赤ちゃんでした。そして、それきり父が戻ってくることはありませんでした。

トランスジェンダーのホセさんの話し方には独特の柔らかさがありました。その一方で、何かに追い立てられているかのような勢いで話を進めていきます。

戦争が終わっても、父は帰って来ませんでした。

幼い私を抱えてひとり残された母の精神は壊れてしまった。原因は、父を失った寂しさなのか、生活の不安なのか、日本人の子どもを産んでしまったためなのか。きっと、そのどれもが原因のひとつでしょうね。

そして、精神を病んだ母は、私を捨てました。ニッパヤシの木の下に。捨てられていた私をたまたま見つけたのが祖母だった。祖母は私を拾って育ててくれたんです。私は祖母のおかげで九死に一生を得たというわけね。

父が行方不明になり、母に捨てられた私を、祖母は愛情いっぱいに育ててくれました。母は何度か私を引き取ろうとしたみたいだけど、母のことを信用できなかった祖母は、私を母に渡すことはしなかった。母は父について私に何も話そうとはしなかったけれど、祖母は、父についてわかっている限りのことを私に話してくれたんです。

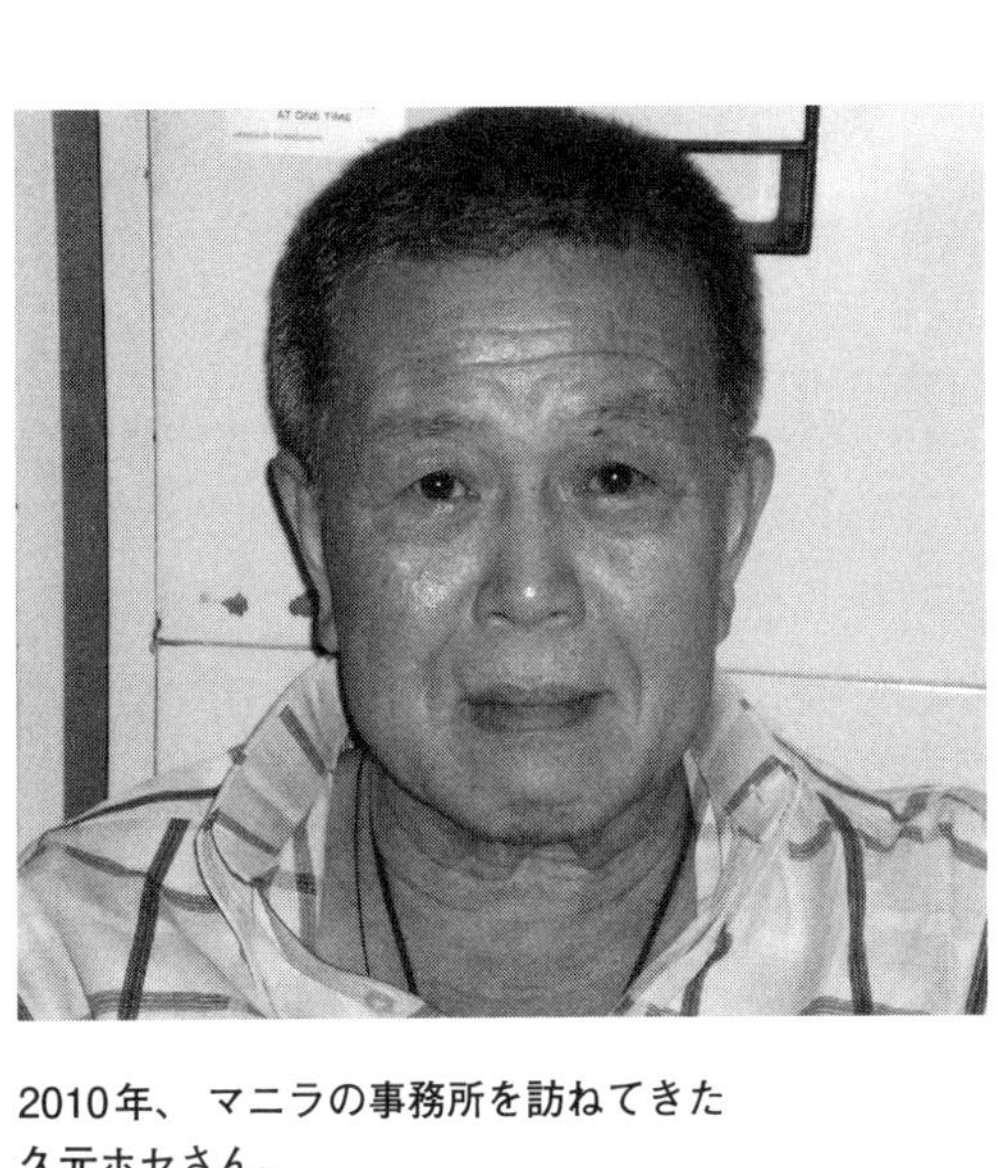

2010年、マニラの事務所を訪ねてきた
久元ホセさん。
洗練された身のこなしが印象的だった

祖母は父の形見としてアルバムを保管していた。それこそ60枚近くあったんじゃないでしょうか。洋装の父の写真や、父の母の和服姿の写真など。洋風な暮らしの写真が多くて、戦前の日本にこんな洋風の生活があったのかとびっくりしたもの。そのアルバム？　古くなったから修理しようと思って預けたお店が火事になって焼けてしまった。

母は、1948年に裕福な中国人と結婚しました。ふたりの間には6人も子どもが生まれた。でも、その中国人の養父は母のことをずっと「チャブカン（使用人）」呼ばわりしていたから、母もそんなに幸せではなかったかも。

祖母が年を取ってからは、私も母が中国人養父と暮らす家に引き取られることになってしまった。そこで養父と母、異父弟妹たちと一緒に暮らしたけれど、私はいつも「日本人の子ども（ハポン）」と呼ばれ使用人のようにこき使われ続けていたんです。

養父にも母にも暴力を振るわれて、私はいつも痣だらけだった。私は、母のことも養父のことも、自分の家族だなんて思ったことは一度もないし、彼らとの暮らしにいい思い出なんてひとつもない。祖母だけが、私を育ててくれたんです。

戦後、残された残留2世の母親たちの中で、再婚することで生活の安定や身の安全を手に入れたという人は少なくありません。「敵国民」の乳飲み子を抱えて残されたホセさんの母の立場の苦しさは、想像するに難くありません。「使用人」と呼ばれながら、裕福な再婚相手の家で暮らすようになった母は、自分の立場を守るため

に、攻撃の矛先をホセさんに向けてしまったのかもしれません。すべては想像ですが、ホセさんは日本人の子であり、父のいない子として、いくつもの重荷を負わされて、心身に傷を受けながら育ちました。

そんなホセさんを支えたのは「早く独立する」という強い意志でした。必死に勉強したホセさんは、賢い学生として地元で有名になっていきます。日本人の子どもであるということは学校でも知れ渡っていましたが、しかし、学業がとびぬけて優秀だったため、差別されることもほとんどなく、また、たとえそれを理由にからかわれたとしても気にも留めなかったというホセさん。

彼の高校時代の教師、テルマ・イシワタ・フローレスさんも、実は同じ残留2世でした。彼女の父親である石渡さんは、ホセさんの父親と軍隊で一緒だったそうです。似たバックグラウンドを持ち理解のある教師に出会えたということも、ホセさんの学校生活を豊かにした一因だったのかもしれません。

優秀な成績で高校を卒業したホセさんは、マニラの有名校、アテネオ大学の法学部に進学し、弁護士資格を取得しました。

弁護士になった私は、1975年から10カ月間、アシスタント弁護士として投資委員会で働きました。その時に川崎製鉄の日本人社員と知り合いになったんです。きっかけは私の日本的な顔立ちのおかげ。向こうから「日本人ですか?」と私に声をかけてきたんですよ。

私は、自分の日本人の父のことや生い立ちについて、彼に話しました。その人は私にとても同情してくれて、私の父を日本で捜してあげる、と。だから、私は彼に、父の形見であるアルバムのコピーを渡したんです。

3カ月後、その人は、私の父が戦中に死亡していたという事実を持って再びフィリピンにやってきました。

祖母の話では、父は私たちの元を離れる時、「私がもし生きていたら、ホセが18歳になった時に迎えに来るから、それまで待っていてほしい。ホセには手に生まれつきの痣があるから、この痣がある限り、私はホセを見つけられる」と言っていたそうなので、18歳の時に父が迎えに来なかった時点で、父はきっと死んでしまったんだろうな、とは思っていたんです。とはいえ、心の片隅では「もしかしたら生きているかも」という思いがあったんですね。予想以上に父の死の知らせは私にショックを与えました。

川崎製鉄の知人は、父の父は60代ですでに亡くなっていてお墓が横浜にあること、また、父の母が当時85歳でまだ存命だが病気だということや、父が亡くなったことで国から恩給を受けていることまで教えてくれました。でも、私は今の生活で十分に満足していますから、恩給だとかなんだとか、という考えは全く浮かばなかったです。戦中の父の住所地はすでにガソリンスタンドになっていたらしいです。

彼は、日本の外務省からの手紙や、父の日本での住所なども教えてくれました。あれが、今も手元にあれば……と悔やまれてなりません。というのも、私がバコロドに来ていた時、マニラの私の家に住んでいた親せきが、これらの重要な資料を勝手に持ち出してなくしてしまったんです。それだけじゃありません。全くひどい話ですが、私の持ち物がたくさん、いつのまにか持ち出されてなくなっていました。彼から来た手紙もすべてなくしてしまったので、もう彼に連絡を取ることもできないのです。

もしも彼の連絡先がわかれば、あの時に渡した父のアルバムのコピーを返してもらえるかもしれないのにな……と思うと、残念で仕方ないですよ。

住所を教えてもらった時に、なぜすぐに日本の親せきに連絡をしなかったのかって？　戦中に父が亡くなったのであれば、日本の親せきは私や母の存在すら知らないんじゃないかと思ったから。いきなりフィリピンから親せきですって連絡したら、きっとひどく驚かれてしまうでしょう。そう考えたら、連絡をとるのがためらわれてしまったんです。

父の日本の連絡先がわからなくなってから、長い歳月が経ちました。ホセさんは弁護士のみならずデザイナーとしても仕事の成功をおさめ、社会的な安定を手に入れましたが、自分の人生の中の欠けを埋めることができずにいると言います。

２００６年、心臓病を患っていた母が亡くなりました。一度も愛情を受けたこともなく、私自身が愛情を抱いたこともない母との別れでした。一度も幸せそうに見えたことのない母。父がいれば、私の人生も母の人生も、もっと違ったものだったんじゃないでしょうか……。

今、私自身は家族を持つこともなく、ひとりで暮らしてます。私の同居人は犬一匹。彼が私の家族ですね。私は自分で言うのもなんですが、才能に恵まれて、もちろん大変な努力もしましたけど、仕事のチャンスにも恵まれて今は社会的な地位も得られて、経済的にも心配はありません。自分の今の状況には満足してるんです。

でも、ずっとフィリピンで暮らしながら、どうしてもフィリピンになじめない自分が辛かった。いつも、ここが自分の居場所ではないような……。

私は母の愛も父の愛も経験することなくずっと育ってきましたが、父の生まれた土地や、父の歩いた場所を見ることで、父を何か感じられるんじゃないか、とふと思うことがあります。日本を訪れ、父のお墓参りができたらな、と思うんです。

久元ホセさんのお父さん、シロさん。ホセさんの陳述を元に、それらしい名前を渡航者名簿の中に捜してみましたが、見つかりませんでした。しかし、ホセさんによるとお父さんは軍人だったと言います。であれば渡航記録に名前がなくても不思議はありません。

そこで、次に厚生労働省の旧日本軍の記録に照会をかけたところ、公報原簿などに岡山市出身の「久元四郎」さんの名前が見つかりました。大正14（1925）年生まれ。1941年頃に軍人としてフィリピンに渡航してきたという、ホセさんの祖母の話と年齢的に一致します。

四郎さんは、45年5月、ネグロス島バコロド方面において戦死と記載されていました。44年8月に生まれたホセさんが生後7か月の頃、日本軍の命令で家族のもとを去った父、四郎さんは、まもなく戦死していたのです。すべてはホセさんが話す祖母の証言と合致していました。四郎さんがホセさんの父「シロさん」であることは、ほぼ間違いのないことだと思われました。

戦争は、若い夫婦を引き裂き、生まれたばかりの子どもの人生を大きく狂わせました。あらゆる不条理を飲み込んで育った彼は、父とのつながりを求めることで、自分の人生の欠けたピースを埋めようとしていると思えてなりません。

帰国した父の国に居場所はなかった

山田賢太郎さん

〈記録・大友麻子〉

ミンダナオ島北部に位置するイリガン市。人口40万人ほどの海辺の町です。戦前、イリガンにも日本人が移住、ダバオほどの規模ではないながらも日本人社会が形成されていました。山田荘吉さんの一人息子である賢太郎さんも、ここイリガンで1926年に生まれました。お父さんの荘吉さんは、01年頃にフィリピンに渡航してきて、マニラのアメリカ軍のもとで大工として働いたのち、イリガンに移り住んで大工や時計修理などの仕事をしていたといいます。21年にフィリピン人女性のグレゴリア・カビリヨさんと結婚し、生まれたのが賢太郎さんでした。

賢太郎さんは97年にすでに他界していますが、長い間、父の身元がわからないいま厳しい戦後を過ごしてきました。賢太郎さんの体験が特異なのは、身元未判明のまま、日本に強制送還されたという経緯です。生前の賢太郎さんの証言から、戦中戦後の

体験を辿っていきましょう。

ぼくが記憶していた父の名前は『ヤマダスイキチ』。自分の名前は『キンタロウ』だと長いこと思いこんでいた。父はヤマグチのシモノセキというところの出身だと言っていたように記憶している。日本の父につながる情報といえば、それくらいのものだった。

ぼくはひとりっ子で兄弟はいない。

日本がアメリカと戦争を始めた時、ぼくはすでに15歳になっていたので、父やほかの日本人たちと一緒にコタバト州の収容所に収容された。

日本軍がコタバトに上陸すると、ぼくたちは解放された。その後、ぼくも父も日本軍のために働くようになったんだ。

父はタナカ部隊のアダチさんというキャプテンの下で、通訳として働いていた。ぼくは食糧運搬係として日本軍に協力していたよ。

44年10月、アメリカ軍がレイテ島に再上陸すると、各地の米比軍の攻撃は日に日に激しさを増していきました。イリガン市の在留日本人たちも、日本軍とともに、内陸部であるマライバライへと避難を開始します。

避難の道中も米軍の砲撃がどんどん激しくなってきて、ぼくたちは山の奥へ奥へと逃げていった。道もますます険しくなり、当時70歳を越えていた父はついに歩けなくなってしまったんだ。50歳を過ぎていた母も、もう歩けないと言う。ぼくにはどうしようもなかった。歩けなくなった両親を山に残したまま、ぼくは日本軍と一緒に山奥に逃げていった。自分が生きるために、そうするしかないと思った。

そのうち、マライバライ一帯を米軍が陥落したという情報が山の中に伝わってきた。両親のことが気がかりでたまらなくなったぼくは、両親を残してきた辺りまで戻ってみたんだが、両親の姿はもうなかった。

顔見知りの人から、父はアメリカ軍に捕まって収容所へ連れていかれたこと、そしてフィリピン人の母は家に帰されたと知らされた。

多くの2世たちが父親の生死不明のまま残留した現実を考えると、戦後の混乱の中、父の行方を知ることができただけ、賢太郎さんは幸運だったといえるかもしれません。賢太郎さんは、父と会うために投降を決意しました。

山から下りて収容所に出頭した。収容所の中には、衰弱しきった父の姿があった。父はひどく弱っていた。回復する間もなく、収容所の中で父は亡くなってしまった。

そのうち、ぼくはラジオのニュースを聞いて愕然とした。日本のヒロシマとナガサキに爆弾が落とされたという。人類が経験したこともない新型爆弾が町と人を焼き尽くしたと聞いた。父の故郷だと知らされていたヤマグチは、ヒロシマのすぐ隣だと聞いた。

ぼくは叫びたいような不安に襲われた。父の親族はみな、死んでしまったのではないかと思った。そんな日本にひとりで強制送還されても、果たしてどうやって生きていけばいいのか、見当もつかなかった。

でも、すでに15歳を越えていたぼくに、フィリピンにとどまるという選択は許されなかった。ほかの日本人とともに引き揚げ船に乗るしかなかった。不安な気持ちを抱えて船に乗った。船は数日でウラガという港に到着した。

上陸後は、引揚者のための寮のようなところに入った。一緒に引き揚げてきた人たちは、次々と寮を出て故郷に帰っていったけれど、ぼくには行くあてもなかったし、寮でしばらく暮らしていた。

父の故郷はヤマグチのシモノセキ。父の名前はヤマダスイキチ。

たったそれだけの情報で、父の故郷にたどり着けるとも、親せきに出会えるとも思えなかった。そもそも、ヤマグチがどこにあるのか、ここウラガからどれくらい離れているのかも、何もわからなかった。

賢太郎さんが上陸したのは神奈川県浦賀港でした。当時、引揚港は佐世保や下関、呉、宇品、舞鶴など、西日本が多かったのですが、賢太郎さんの船は浦賀に到着したの

でした。呉や宇品であれば、まだ山口の情報も入ってきたかもしれませんが、浦賀はあまりにも遠かったのです。

このままずっと寮にいても仕方がないと思ったぼくは、寮から出て仕事を探し始めた。桜木町、横浜と歩き回ったよ。そのうち、横浜の米軍基地でボーイとして雇ってもらえることになった。ここでは、ぼくはフィリピン人のふりをした。日本人だと雇ってもらえないんじゃないかと思ったから。給料はまともに払われなかったけれど、住む場所と食べるものがもらえた。日本で、ぼくの居場所は米軍基地にしかなかった。

1年くらい、日本人であることを隠してボーイの仕事をしていたけれど、こんなことをしていてどうするんだという気持ちになってきた。ずっとフィリピン人のふりをしながら、日本で生きていく意味があるのかなと思った。

山で離れ離れになったままの母のことも気がかりだった。父もいなくて、年取った母がどうしているのだろうと心配でたまらなくなり、フィリピンに帰ることにした。ちょうどタイミングよく、マニラ行きの米軍の船があったので、ボーイとして乗船させてくれと頼み込んだ。船は横浜を出港後、10日くらいでマニラに到着した。

フィリピンでのぼくは、日本にいた時よりもっと慎重に、日本人であることを隠さないとならなかった。日本人だとバレたら、どんなひどい目に遭うかわからなかった。
マニラで、ぼくはしばらく路上生活をしながら、食堂の皿洗いなどをして食べ物をもらっていた。悲惨な生活だったけれど、故郷のイリガンに帰れば、ぼくが日本人であることを知っている人たちから殺されてしまうのではないかと怖かったんだ。
ぼくが日本軍に協力していたことは、みんな知っているからね。
でも、母のことも気がかりだったぼくは、ようやく決心して、マニラでの路上生活をやめてイリガン行きの船に乗り込んだ。イリガンに到着してすぐ、母を捜して歩き回った。
母はすぐに見つかったよ。年老いた母は、物乞いになって暮らしていたんだ。

その後の生活について、賢太郎さんはあまり多くを語りませんでした。賢太郎さんは、フェデリコ・カベリョというフィリピン名を名乗り、フィリピン人としてイリガンで働き始めました。フィリピン人女性と結婚し、子どもにも恵まれました。

フィリピン人としての新しい暮らしをイリガンでスタートさせましたが、自分は日本人であるという強い思いが消えることはありませんでした。

そこで、イリガンの日系人会にも参加し、なんとかして父の日本の身元を明らかにしたいと願っていました。

１９９７年６月、日本政府の取り組みを要望すべく来日した残留日本人代表団の中に、賢太郎さんの姿がありました。身元未判明者のひとりとして、賢太郎さんも代表団

に選ばれたのでした。


ぼくが横浜を去ってから51年ぶりの日本は、すっかり様変わりしていて、驚いたよ。すっかりきれいになって、ビルもたくさん増えていて。日本に来て3日目、みんなで東京タワーに登った。展望台からは、ずいぶん遠くまで見渡せたから、父の故郷が見えるかなと目を凝らした。「シモノセキは見えるかい?」と聞いたら、「もっとずーっと遠いところですよ」と言われた。

日本滞在中に、夢のようなできごとがあった。ぼくの父の身元が判明したという。外務省の外交史料館にある旅券の記録の中に、父の名前があったというんだ。父の戸籍には、ぼくの出生もちゃんと記載されていた。父はぼくの出生を届け出ていた。

父の名前はスイキチでなく荘吉だった。ぼくはキンタロウでなく賢太郎だった。

日本を去ってから今まで、本当に長かったなあ。


戸籍判明の知らせを聞いた時の賢太郎さんは、丸い顔に満面の笑みをたたえていました。戸籍には戦前に父親が届け出た賢太郎さんの出生もしっかり記載されていました。ようやく、日本人である自分を取り戻すことができたことを、心の底から喜んでいるようでした。

フィリピンへ帰る前、賢太郎さんは日本のスーパーに買い物に行きました。買い物かごには、ハナマルキの味噌、そしてカットわかめときゅうりのキューちゃんの漬物。

「孫たちが味噌が大好きでね。イリガンでは味噌がなかなか手に入らないから」と賢太郎さんは照れくさそうに笑いました。

それからわずか数カ月後、イリガン日系人会から悲しい知らせが入りました。賢太郎さんが病気で急死したというのです。享年71、あまりに突然のお別れでした。日本人として人生を終えることができたことが、せめてもの幸いでしょうか。しかし、賢太郎さんから聞くべき話、私たちが知るべきことが、もっとたくさんあったように思えてなりません。

「フィリピンの残留者たちは、自分たちの意思で残留した。帰ろうと思えば帰国できたはずだ」という日本政府の見解を耳にするたびに思います。「帰国しても、果たして日本に居場所があったでしょうか？」と。

声をあげてから40年、3度の拒否を乗り越えて得たものは

タクミ・ミノルさん

〈記録・石井恭子〉

ダバオデオロ州マビニ町ピンダサン在住の残留2世、タクミ・ミノルさんに最初に会ったのは2005年のことでした。

2世の中でも若々しく、働きざかりとまではいかないものの、健康的で精悍な姿が印象的でした。このときすでに「自分のルーツを確認したい」と声をあげてから20年以上が経っていましたが、さらにこのあと、15年にもわたり、苦しい忍耐の日々が続くことになります。

1942年に生まれ、戦時下に父と生き別れたミノルさんに、父との直接の記憶は何もありません。知っているのは、日本から来た大工であったということと、自

らを「タクミトウサン」と呼び、子どもたちにも「トウサン」と呼ばせていたということ。残された証拠は、父が使っていた古い大工道具と、父が名付けてくれた「ミノル」という名前だけでした。日本のどこの出身なのか、戦争を生き抜いて日本に強制送還されているのかどうか、何もわからないまま、戦後60年が経過していました。

私には、父に関する直接の記憶は何もない。

私が物心ついた時には、家には2人の姉と母、そして母の再婚相手である義父、ダグサンガイ・ハイソンがいた。2人の姉は、母がタクミと再婚する前に結婚していたアルフォンソ・アウステロというフィリピン人男性との間の子ども。アルフォンソは早くに亡くなり、母は父と出会った時は未亡人だったんだ。母は戦中に父と生き別れたあと、戦後まもなく、再びフィリピン人男性と再婚していた。それがダグサンガイだ。

母は、父タクミに関するさまざまな書類の多くを、戦後、焼き捨ててしまったと言っていた。日本人の家族であることがバレたら命の危険があると思ってのことだというが、再婚相手への気遣いもあったのかもしれない。

私は、母からも周囲の人からも、自分がダグサンガイの子どもではなく、タクミという日本人（ハポン）の子どもであると聞かされて育った。

父タクミは、古川拓殖と関係のあったピンダサン拓殖会社で大工として働いていたらしい。

そこにはたくさんの日本人が働いていたと聞いている。「ヒラガ」「ニグチ」「ヒラノ」「ミヤノ」「モリモト」そんな名前の人が父の同僚にいたらしいよ。

両親が結婚したのは1939年8月。母の部族であるマンサカ族の儀式によって執り行われた。挙式をとりあつかったダトゥ（酋長）のアクマン・サビノは母の兄だったから、そのあたりの情報ははっきりしているんだ。アクマン叔父はすでに70年頃に亡くなってしまっているけれどね。

結婚した後は、両親は山に入って野菜を育てるようになった。たまに山から降りてきてはピンダサンの日本人たちを相手に野菜や芋を売っていたらしいよ。母の姉も、ユアサという日本人と結婚して近くで農業をしていた。

父と母の間には、私以外に、イチローという兄と、ベイビーという妹がいたらしい。だけど、2人とも山に避難していた間に亡くなってしまって、戦後に残されたタクミの子どもは私1人きりだ。母が妹のベイビーを身ごもっていた時に父は日本軍に召集された。家族を置いて日本軍と行動を共にした父は、それきり家族のところに戻ってくることはなかったんだ。だから、父は妹が生まれたことを知らないままかもしれない。

幼少期に父と生き別れたミノルさん、その戦後は厳しいものでした。小さい頃はミノルという日本名から「ミノイ」というニックネームで呼ばれていましたが、小学校に通うようになると、メラニオ・アウステロというフィリピン名を使うようになります。アウステロは、母の最初の夫の苗字でした。

山奥の家に住んでいたから、なかなか学校に通えず、ようやく入学した時、私は10歳になっていた。家から学校まで片道4キロの道のりを通っていたけれど、母の再婚相手である義父は、私が通学することに乗り気ではなかったようで、必要なお金をくれなかった。

もうこのまま通うのは無理だと諦めかけた時、母の勧めで、私は家族と離れ、学校の近くに住む母の友人、アデライド・セレニオさんという人の家に住み込み、洗濯や掃除、炊事などの家事をするかわりに学校に通わせてもらうことになった。いわゆるハウスボーイだよ。

アデライドさんも父タクミのことを知っていた。ピンダサン拓殖会社で働いていたことや、同僚の日本人の名前などはアデライドさんから教えてもらったんだ。

少年時代のミノルさん（左）。右は異父姉

朝、炊事洗濯をしてから学校へ行き、昼に帰宅して家事をして、午後また学校に戻る。子どもの私にはとても辛い日々だった。級友には「日本人（ハポン）」とからかわれるしね。いつも喧嘩ばかりしていた。

そのうち、異父姉の１人が結婚して所帯を持ち、私を引き取ってくれた。姉の家で家事を手伝いながら学校に通わせてもらって、16歳でやっと小学校を卒業したよ。高校にも入ったんだけど、お金が足りなくて1年で退学した。

1カ月15ペソという住み込みの仕事をやったり、アバカ麻農園で1日1ペソの日雇い労働の仕事をしたりしたけど、収入はわずかで、いつもひもじかった。その後、異父姉から洋裁の仕事を教えてもらって手に職をつけたら、中国人の洋裁店で雇ってもらえたんだ。生地の断裁の仕事を一手に引き受けさせてもらえたので、死に物狂いで働いてお金を貯めたよ。

ピンダサンに小さな家を建てて、母を呼び寄せて一緒に暮らし始めた。23歳くらいの頃だったかな。そして家を建てた翌年に、結婚したんだ。ハウスボーイをさせてもらっていたアデライドの娘とね。

結婚後、ピンダサンで小さな雑貨屋やパン工房を営みながら、４人の子どもを育てたミノルさん。生活に追われていたミノルさんに、自分のルーツを探すゆとりは、精神的にも経済的にもありませんでした。これは、多くの残留２世たちに共通しています。

だから、父の形見ともいえる大工道具の入った木の箱が、１９６６年の火事で家ごと焼けてしまった時も、さして気にも止めませんでした。その箱には、錆だらけの日本のノコギリや、丸い玉のついた計算機（算盤）などのほか、書類なども入っていたそうです。

そんなミノルさんが、同じ残留2世に誘われて日系人会のメンバーに加入したのは82年のこと。末の子が10歳になり、暮らしも少し落ち着いてきた頃でした。これまで、記憶にない父親のことで「日本人（ハポン）!」といじめられてきたミノルさんにとって、日本人の血が流れているという現実を肯定的に受け入れることは難しかったと言います。しかし、日系人会で似たような境遇の仲間たちと出会うなかで、次第に自分の日本人としてのルーツを受け入れられるようになっていきました。それが、自分の「アイデンティティを取り戻す」ための長い長い道のりの始まりでした。

82年に私に日系人会のメンバーにならないかと声をかけてきたのは、同じ残留2世のハギオユキトシだった。それまで面識はなかったけれど、マビニの町で私が日本人であることは有名だったから、探して会いに来てくれた。彼はフィリピン日系人会（ダバオ）の初代会長だ。最初はそんなものに参加して何の意味があるのかと思っていたけれど、タグム市での集まりに参加し、たくさんの日系人に会って、仲間がいると初めて実感した。日本人の子どもだったために受けた辛い仕打ちや悲しい経験の話もすぐに通じる。嬉しかったよ。だから、私も日系人会メンバーになり、毎年の総会にもきちんと出席した。息子たちには日系人会の日本語教室に通わせたよ。息子にも日系人としての自覚を持って欲しかった。

95年には外務省による全国調査も始まったので、父タクミのことが何かわかるのではないかと期待していたけれど、私のように何の手がかりもない残留者には、身元捜しは簡単なことではなかった。

父はタクミ。職業はピンダサン拓殖会社の大工。山で野菜を栽培し、ピンダサン拓殖で働く日本人に販売していた。そんな断片的な情報しかありません。66年の自宅火災で焼け残ったのは、金属製の直角定規と日本製の丸い皿。これも父親の身元特定につながる証拠ではありません。

何よりも、タクミというのが苗字なのか名前なのかすらわからない。これが最大のネックとなって、ミノルさんの父の身元捜しは難航しました。

地元の町では、みんなタクミさんが日本人であったこと、ミノルさんがタクミさんの子どもであることを知っているのに、身元特定に結びつく情報が抜け落ちていたのです。

ミノルさんに、新たな希望が見え始めたのは、２００１年のことでした。

長男のジュセブンが、「身元がみつからなくても日本人と認められる方法がある」と言って来たんだ。ジュセブンは１９９３年から１年間、日系人会を支援するボランティア団体を通して奨学金をもらって東京で日本語を学んだ経験もあり、２０００年にはダバオの日系人会の役員になっていた。多くの日系人を支援する立場となった彼が、一方で「自分自身の日本人としてのルーツがいつまでもわからない」ということを、ひどく悩んでいるのも知っていた。どうしてもっと母親からきちんと話を聞いておかなかったのかと尋ねられた時は、胸が痛かった。

その息子に提案されたのが「就籍」という方法だった。「家庭裁判所に申し立てて許可をもらえば、父の戸籍が見つかっていなくても日本で戸籍が作れる。この方法で中国残留孤児1250人の戸籍をとった弁護士が東京にいる」という。

まだ、フィリピン残留日本人では例がないということだったが、もし成功すれば、同じような身元未判明の残留者たちの現状が変えられると説得され、私は息子の提案に応じることにした。

2002年、ミノルさんは日本の家庭裁判所に就籍を申し立てしました。けれども、前例のないフィリピン残留日本人の就籍は難航し、何の進展もないまま2年が経過してしまいました。「このままでは却下されてしまう。準備をし直して再申し立てした方がいい」という弁護士の判断で、結果を待たずに一度取り下げます。

03年にフィリピン全土の残留2世、特に身元未判明の2世の救済を目的としてNPO「フィリピン日系人リーガルサポートセンター（PNLSC）」が発足しました。05年には10名の残留2世たちの集団一時帰国を実施し、10名のうち8名の就籍を一斉に申し立てて、マスコミにも大きく報じられることになります。

この一時帰国10名の中に、ミノルさんの姿もありました。ミノルさんは初めて父の国を訪れる期待と緊張でいっぱいの様子でした。しかし、就籍を申し立てた8名の中に、ミノルさんの名前はありませんでした。

私は、父に関する証拠があまりに少なすぎて、現段階では時期尚早ということで申し立てしてもらえなかった。ほかの帰国者たちは、戦前の写真や、父が作った木彫りの位牌、漢字のハンコなど、日本人の父に関する証拠を持っていた。NPOの調査によって父親の収容所の記録が見つかった人もいた。でも、私には何もない。

シンポジウムの場でも「父はタクミという日本人。それしかわからないんだ」と発言するのが精一杯。父の思い出を何も話せないのが悔しかった。でも、仕方なかった。

その後、フィリピン残留者への裁判所の理解が進み、06年から07年にかけて、身元未判明の2世にも就籍許可が下りるようになりました。他方、ミノルさんについても、フィリピン現地で、戦前や戦中の父「タクミ」を直接知っているという人への聞き取り調査が丹念に進められました。

「証言の積み重ねで、タクミの人物像が格段にくっきりした。今度こそいける」という担当の青木秀茂弁護士の判断で、08年、ミノルさんは再び東京の家庭裁判所に就籍許可を申し立てました。今度こそ、という思いで結果を待っていましたが、11年、提出されている証拠では「父タクミを日本人と認めることはできない」と却下。弁護団は高等裁判所に即時抗告しましたが、「申立を却下した原審判は相当」と抗告も棄却されました。

2度も裁判所から否定されたことは悲しかった。もし私の家が66年の火事で焼けていなかったら、父の残した大工道具や書類を証拠として提出できていたのに……。あるいは、もしも日系人会が80年代でなく70年代に結成されていれば、父のことを知っている人たちがもっとたくさん生きていて、父の名前や出身地もわかったはずなのに……。悔しくて仕方がなかった。

その後も、PNLSCは父タクミの戸籍を見つけるために調査を続けてくれた。そして、広島出身で戦前にフィリピンに移住し、終戦直後にダバオで亡くなっている「工(たくみ)」という人物が見つかったとの知らせを受けた。高裁で棄却されてから6年半が経っていた。それはとても長い年月に感じたよ。

広島家庭裁判所の本人審問のために来日したタクミ・ミノルさん（中央）と長男のジュセブンさん（右）

18年2月、満を持して広島家裁に申し立てしました。父親の可能性のある人が浮上しているだけでも父親が日本人であるとの裁判官の心証は格段に上がります。今度こそはという強い希望を抱いての再々申し立てでした。広島家裁から「本人を審問したい」と連絡があった時は、裁判官が許可を出す前に心証を得たいのだろうと確信を強めました。

その年の12月に来日したミノルさんは、びっくりするほど老け込んで、語る言葉も少なくなっていました。長男のジュセブンさんが付き添ってくれましたが、歩く足元もおぼつかないほどで、ミノルさんの上に流れた年月の長さを改めて噛みしめました。

「お母さんから、もっと何か、聞いていないのですか」という裁判官の質問にも、「タクミということ、大工ということ。それだけ」とうつむいたままだったミノルさん。「最後に言いたいことはありますか」と促され、「私はフィリピン人ではない。いまだに日本人でもない中途半端な状態です。日本人として認めてください。私はこの1月に77歳になりますが、このことをお願いするために、力を振り絞ってはるばるここまで来ました。どうかご慈悲をお願いします」と、ようやく言葉を絞り出しました。

裁判官は「うーん」と首を捻り、「悩みます……」と部屋を出て行きました。

ミノルさんにとって、これが最後の父の国の訪問となるだろう。そう思わされるほどに年老いて弱くなったミノルさん。私たちもできることはなんでもしたいという思いに突き動かされ、思い切って広島の「工さん」のご親戚にＤＮＡ鑑定を依頼しました。ご快諾くださったので、早速、双方の検体を採取して検査に出しました。祈るような気持ちで待っていた結果は「血縁関係にある可能性は低い」という、凍りつくようなものでした。

しかし、工さんとの血縁関係はなくとも、タクミが日本人であることに揺らぎはない。信じて審判を待ち続けました。

ところが19年６月、広島地裁から却下の審判が下ってしまったのです。３度目の却下。タクミさんになんと伝えればよいのか、言葉も見つかりませんでした。

残念で悲しい。この先どうしたらいいのか。私はフィリピン人でもない。日本人でもない。自分は何者なんでしょう。どうすればそれを証明できるというのでしょう。

前立腺ガンを患い、さらに認知機能の低下が見られるようになったミノルさんは、もう語る言葉がそう多くないようでした。

当時すでにフィリピン司法省による無国籍認定を得ていたミノルさん。フィリピンはミノルさんが日本人の子どもであると認定し、日本が国籍を与えない以上は無国籍であるという結論を出していたのにもかかわらず、日本の司法はミノルさんを拒絶したのです。信じられませんでした。

弁護団はすぐに広島高裁へ即時抗告しました。ミノルさんに残された時間はそう長くないかもしれない。焦燥感ばかりが募りましたが、日本の司法の良心を信じたいという強い思いに突き動かされていました。

20年3月25日、世界中にコロナウイルスの感染が拡大し、フィリピンもルソン島やダバオが封鎖されるという深刻な事態にありましたが、その暗い空気を吹き飛ばすような知らせが弁護士から届きました。広島高裁から就籍許可が出たというのです。

「主文　原審判を取り消す。抗告人が就籍することを許可する」

一瞬、その言葉の意味が信じられませんでした。それから、決定の文字が涙でにじんでいきました。ミノルさんが日本人であると声をあげはじめてから、40年近い年月が経っていました。

急いで、封鎖中のダバオにいるジュセブンさんにメッセンジャーで報告しました。スマホの画面の中のジュセブンさんは、子どものように流れる涙をTシャツの襟で何度もぬぐっていました。何度も何度も拒絶されたけれど、ようやく日本人であることを日本の司法が認めた。喜びがあふれ、言葉にならない様子でした。何度も悔し涙を流して来たジュセブンさんが、ようやく嬉し涙を流すことができました。

ジュセブンさんから就籍許可の報告を聞いたミノルさんは、「おー、よかった」と声をあげたといいます。そしてポツリと呟いたそうです。

「なんで今まで認められなかったんだろう……」

ミノルさんの就籍は、私たちにとっても大きな励みとなりました。フィリピン政府が無国籍だと認定していることや、遅延登録で作成したタクミさんの婚姻証明書、ミノルさんの出生証明書の有効性、そして、戦中戦後の混乱期の状況を上級審である高等裁判所が正しく理解してくれたことは、大きな前進であると受け止めています。

一方で、ミノルさんが日本国籍を回復するまでに、一体どれほどの労力と時間が必要であったか、ということを考えると、絶望的な気持ちにもならざるを得ません。

3度の却下でも諦めなかった弁護団、そして何よりも気持ちを保ち続けてくれたミノルさんの粘り強さがあってこそ、15年もの歳月をかけた就籍申し立てを持続することができたのです。これほどの時間とエネルギーを、残された900名もの残留者に、彼らの寿命が尽きる前に1件1件行わなければ、その高い壁は乗り越えることができないというのでしょうか。

ミノルさんのケースの難しさは、同時に、この問題が政治的決着なしに根本的には解決できないのだということを、改めて私たちに示してくれているのです。国家の起こした戦争が大きなダメージを与えた残留者たちを救えるのは、国家しかありません。

父の面影を胸に戦後を生き抜いたのに、戸籍への記載は拒まれたまま

永田エレナさん

〈記録・石井恭子〉

ルソン島の南部、カマリネスノルテ州、カマリネススル州、アルバイ州からなるビコール地方にも、あちこちの町に日本人移民が根を張り、生活していました。そのうちのひとつ、カマリネスノルテ州ダエット町にいたのが、フィリピン人の妻ファウスタさんとの間に8人(6男2女)の子どもをもうけた熊本出身の永田喜久太さんです。

大工をしていた喜久太さんは、太平洋戦争勃発直後、フィリピンの警察に捕えられて収容所に入れられます。その時の過酷な状況のために体を壊して寝たきりとなり、戦争中に亡くなりました。8人きょうだいの4番目で長女の永田エレナさんは、

1931年生まれ。寝たきりとなった父の看病をしていたのは、当時わずか10歳のエレナさんでした。

戦後は、家族の安全を守るために若くしてフィリピン兵士と結婚します。やさしかった父の面影を胸に戦後を生き抜いたエレナさんでしたが、2009年6月に心不全でこの世を去りました。享年76。06年に父の身元は判明しましたが、エレナさんの名前はいまだに、父・喜久太さんの戸籍に記載されていません。


父さんは大工でね、ダエット町で最初の映画館「シネ・ソル」は父さんが設計して建てたものなんだよ。自宅には設計図が残っていたねえ。家具をつくって売る店も持っていて、食器棚や椅子、テーブルやベッドなどを売っていた。その店ではフィリピン人も働いていたよ。

父さんは近所の人たちから、「キク」とか、フィリピン名の「フランシスコ」とか呼ばれていた。だから、私たちは長いこと、父の日本名は「キク」だと思っていたよ。2006年に戸籍が見つかって、父さんの本当の名前はキクタだと知るまでは。

私たち兄弟はフィリピンの学校に行っていたけれど、父さんは私たちに家で日本語を教えてくれた。だから当時は私も日本語を話せたんだけど、今ではみんな忘れちゃった。兄さんたちは私よりももっと上手に日本語が話せたよ。

家には天皇（昭和天皇）の肖像がかけてあって、その前にろうそくが置かれていた。家に来た日本人はみんな、天皇の肖像に敬礼していたよ。父さんの家族の写真も飾ってあったねえ。そう、父さんの父さん、つまり私のおじいちゃんが亡くなったっていう知らせが日本から届いた日のことも覚えているよ。確か遺灰が入った箱も届いたんだ。父さんは長男だったみたいだね。

父さんは、兄さん3人と私の4人を日本で勉強させたいって話していた。だから、私は本当は日本に行くはずだったんだよ。戦争さえなければね……。

その計画が実現することはありませんでした。太平洋戦争が勃発すると、エレナさん一家も否応無く戦争へと巻き込まれていきます。開戦と同時に、フィリピンの警察は各地の日本人を収容しました。その中にエレナさんのお父さんもいました。

父さんは、ダエット町にいたほかの日本人、タカラさんとかチュギさん、サムラさん、テラタさん、オニさん、ウエハラさんなどと一緒にフィリピン警察に捕らえられて、ティグビナンの収容所に入れられたの。ウエハラさんはジャパニーズバザールの経営者、サムラさんは養豚や養鶏をやってた人、タカラさんはレストラン、テラタさんはキャンディーの製造販売をしていた。みんな父さんの友だちだったよ。

3カ月くらいで父さんたちは解放されて戻ってきたけれど、収容所での環境が悪く、病気になっていた。私たちの家はフィリピンゲリラに焼かれて、父さんの持っていた書類は全部焼けてしまった。日本からの手紙なんかもあったのにね。

私たちは山に避難し、ニッパ椰子の葉でできた家に隠れて暮らしたよ。父さんは収容所から戻って来て以来、すっかり具合が悪くなって寝たきりの状態で、私が看病をしていた。そのころ、病床の父さんが私に「桃太郎さん」の話をしてくれたのを覚えている。「海行かば」の歌も教えてくれたっけ。長女の私は、きょうだいの中でも特に父さんにかわいがられていたんだ。子どもを叱ったりするのは見たことがない、優しい父さんだった。

当時アメリカの植民地であったフィリピンでは、日米開戦に伴い、昨日まで隣人だった在留日本人は敵国民となってしまいました。そして、フィリピン各地で、日本人が捕らえられて収容所へ入れられます。フィリピン各地の日本人社会が築き上げたものが一気に崩れていった瞬間でした。

まもなく日本軍がフィリピンに上陸、捕らえられていた日本人は解放されます。日米が始めた戦争によって自分たちの共同体を破壊されたにも関わらず、日本軍の到着を在留日本人たちは大喜びで迎えたようです。しかし、そこからが在留日本人社会の崩壊の本当の始まりとなったのです。

日本軍が山中に避難していた私たちを迎えに来てくれて、ダエット町に帰ることができた。家は焼かれてしまっていたけれど、日本軍の駐屯地近くの空き家に住まわせてもらったよ。日本時代（日本軍政下）だったからね。食糧も日本軍が分けてくれて、暮らしは少し楽になった。毎日、キャプテン・ワタナベだとかキャプテン・チュニオカといった日本人が病気の父さんを訪ねてきていた。

私も必死で看病していたけれど、当時はまともな薬もなくて、父さんの容態は悪くなる一方だった。42年4月15日、ついに父さんは息を引き取った。葬儀には日本兵も参列し、父さんの亡骸はダエット町の中国人墓地に埋葬された。

戦局が悪化すると、いつのまにか日本軍はいなくなってしまった。私たちは自分たちで食べ物を探さなければならなくなったよ。ダエット町にもフィリピンゲリラが戻ってきて、私たち家族は殺されないようあちこち逃げ回った。下の弟や妹はまだ小さかったから、そりゃ大変だったよ。

そして迎えた終戦。日本人は、民間人も兵士も収容所に入れられて日本へ強制送還されますが、エレナさんのように、日本人の父が亡くなり母子だけになった日系家族では、あえて出頭して収容されることなく、そのまま現地に残留した人たちが少なくありません。

ゲリラに家を燃やされ、父親に関する手がかりを全て失った母子たちが、知り合いもいない日本へ強制送還される道を選ぶことは、現実として難しかったことは誰でも想像がつくでしょう。

しかし、残留したエレナさんのその後の暮らしも、非常に過酷なものでした。

母さんが野菜を売って生活費を稼いでいたから、私もそれを手伝って働いたよ。ウエイトレスの仕事もした。弟たちも、学校に行きながらキャンディやパンを売ってお金を稼いでいたね。ダエット町で私たちのことを昔から知っている人は悪いことはしなかったけれど、日本人（ハポン）の子というと敵視される世の中になっていた。兄さんや弟たちは、ナガタは使わない方がいい、母さんの旧姓のカバテを使うようにしよう、って苗字を変えていたよ。特にマニラでは日本人とわかると大変な目に遭うと言っていた。

私たちは生きるのに必死だった。18歳になった時、フィリピン兵士だった男と結婚することに決めたんだよ。10歳も年上だったけど、彼が私の家族と一緒に暮らせば家族を守ることができるから。母さんや兄弟たちのために、そうするしかないと考えた。

若くして結婚したエレナさんは、９人の子どもをもうけましたが、67年に夫が心臓発作で急逝します。上は17歳から下は２歳まで、９人の子どもを抱えて未亡人になったエレナさんは、思い切って首都マニラに出て働くことにしました。

小さい子は地元の家族の元に残して、年かさの子どもたちだけを連れてマニラに出た。空港近くで土産物を売ったり、市場でカットした果物や野菜を売ったり。洗濯の請け負いだとか、なんでもやったよ。地元に残した子どもたちに仕送りをして、学校に通わせるために必死だった。

年かさの子は私を手伝って働いてくれたんだよ。そのうち、残してきた子どもたちもみんなマニラに出てきてね、1日1日をなんとか生き延びてきた。

必死に働きづめで、気がついたら私は70歳になっていたよ。そんな時、夫が元軍人だったのなら年金がもらえるはずだと教えられた。それならばと1999年に故郷のダエット町に帰ってきたんだ。

ようやく故郷に帰ってきたとき、エレナさんは73歳になっていました。

その頃、同じダエット町で暮らす日系人のヨコテさんの父親の身元が判明し、子どもたちが日本に働きに行くようになっていました。

ヨコテさんに日系人会のことや支援団体のことを教えられたエレナさんは、マニラの事務所へとやって来ました。優しかった父との暮らしについて、父を亡くして幼い弟や妹を連れて山中を逃げ回った戦中のこと、そして戦後の苦労……。今まで誰にも話したことのなかった自分の半生でしたが、話し始めると涙がとまりませんでした。

PNLSCの調査で永田喜久太さんの戦前の旅券下付記録がみつかり、2006年に、父の身元が判明しました。

家族を守るため早くに結婚した。未亡人になってからは生計を立てるのに必死だった。でも、

自宅で、息子の一人と並んで座る
生前の永田エレナさん（右）

父さんの身元がはっきりして、ようやくこれまでの苦労が報われた気がした。とてもハッピーだよ。父さんは、兄さんや私を日本で勉強させてやりたいって言ってただろう？　自分はもう年だから、今更どうもできやしないけど、長いこと苦しい生活をさせてきた子どもたちには、もう少しいい人生の選択を与えてあげたいんだよ。父さんの国で働かせてあげたいんだ。

父、喜久太さんの遺志を継ぐかのように、子どものため、兄弟のための書類づくりや証言の聞き取りに応じるために、何度もマニラの事務所に足を運んでいたエレナさん。自分が生きているうちにやらなければと、何かに急かされるように息せき切って行動していました。

そして、様々な書類を整え、ようやく就籍を申し立てられる手はずも整い始めた矢先の２００９年、エレナさんは急性心不全のためにこの世を去りました。

就籍は、本人が生きていなければ申し立てることはできません。8人きょうだいのうち、就籍申し立てが間に合ったのは弟さん1人だけ。ほかの7人は亡くなってしまい、間に合いませんでした。

エレナさんや残りのきょうだいの国籍を回復するために残された方法は、本人の出生をお父さんの喜久太さんの本籍地の役場に届け出て、お父さんの戸籍に記載することしかありません。

2人のお兄さんは、幸運にも、当時の出生届がマニラの公文書館に残っていたため、行政によるお父さんの戸籍への記載が認められました。一方で、エレナさんの出生記録は残っていませんでした。

日米による激しい地上戦が繰り広げられたフィリピン全土は、文字どおり焦土と化し、教会や役所などで保管されていた公文書も多くが焼失してしまっていたのです。家族のために身を粉にして働いて来たエレナさんでしたが、「当時の記録がない」という理由で戸籍記載が認められませんでした。

しかし、戦争で書類が消滅してしまったことは、本人の責任でしょうか。

エレナさんには、遅延登録によって作成した出生証明書があります。フィリピンの法律に則って作成された公的文書で、日本の家庭裁判所も認めているものです。ところが、日本の行政となると、この証明書の有効性をさらに補完するような「当時の記録」がなければ認めないというのです。そこには、戦争があらゆるものを破壊したという当時の状況への無理解が根底にあるように思えて仕方がありません。

エレナさんのように、父親の身元が判明しながら、国籍回復できずに亡くなった人は800人以上います。行政判断が困難だというのであれば、日本政府の力で国籍回復を後押ししてほしいと切に願います。

敗走する日本兵に猿の脳みそを食べさせた

高森義鷹さん

〈記録・大友麻子〉


ミンダナオ島ダバオ郊外トリルのバラカタン。アポ山のふもとに広がるこのエリアにも、多くの日本人が入植し、アバカ麻農園などを営んでいました。

高森義鷹（よしたか）さんのお父さんである高森保太郎さんは、戦前、広島からバラカタンに入植、そこで大工として暮らしていたそうです。1925年、現地のバゴボ・タガバワ族の女性、ウガイ・オティさんと結婚して4人の男の子に恵まれました。

長男は明さん、義鷹さんは二男、そして三男がナパンさん、四男は才五郎さんと名付けられました。保太郎さんは、大工として働く傍ら、野生の豚や猿などを狩っては日本人に売ってもいました。アポ山を庭のように歩き回り、山道を知りつくしていた保太郎さんは「アポ仙人」と呼ばれるほどだったといいます。アポの山の中には、保太郎さんが掘り当てたという温泉が今も残っているそうです。

戦後、三男のナパンさんだけが、お父さんの保太郎さんとともに日本へ強制送還され、残りの3人はフィリピンに残留しました。兄弟はなぜバラバラになったのでしょうか。義鷹さんとナパンさん、それぞれが語る戦中戦後から、2世たちを待ち受けていた状況の過酷さが見えてきます。

まずは義鷹さんの証言からご紹介しましょう。


ぼくの名前は高森義鷹だ。日本語はずいぶん忘れてしまったけれど、自分の名前を漢字で書くことができる。お父さんは広島出身の高森ヤスタロウ。

ぼくの腕に入っている入れ墨は、母の部族タガバワ族のもの。戦後、日本人であることを隠して生きるために、腕に彫ってもらった。ヨシタカという日本の名前を少し変えて、エスタカ・オティというフィリピンの名前で生きてきた。

ぼくが生まれたのは1931年1月2日。戦争が始まった時にはすでに10歳になっていた。お父さんはすでに年老いていて日本軍と行動を共にすることはできなかったので、その代わりに、ぼくが田野隊という部隊の雑用係として働くことになったんだ。一番大変だったのは、飛行場の建設の仕事。石をたくさん乗せた箱を、こんなに重いのは無理だと言っても許してもらえず、とにかく押して移動させなければならなかった。

45年に入るとアメリカ軍の空爆が激しくなった。アメリカ軍が上陸すると、部隊はバラバラになって、それぞれタモガンの山の中へと逃げていった。それからが本当に大変だった。あの時の日本兵たちは、奥へ奥へと逃げながら、女性を並べてその首をはねたり、赤ちゃんを刺し殺したりと、地元の住民を次々に殺していった。家に手りゅう弾を投げ込んだりもしていた。

ある日、フィリピン人の家を襲って殺すことになった時、ぼくもやらなくちゃいけないのかと思って、自分のボロ（なたのような刀）を研いで準備していた。そうしたら、一緒にいた田野隊の三宅さんという軍人が、「お前は行くな、帰れ」と怒った。「ぼくも一緒に行く」と言ったけれど、三宅さんに「帰れ！」と言われて、ぼくは殺しに行かなくてすんだんだ。殺さなくてすんだことは神様のお恵みだと思ったよ。もしもぼくもフィリピン人を殺していたら、ぼくはきっと長生きできなかったんじゃないかと思う。

ぼくは密林のジャングルの中、この三宅さんと一緒にずっと逃げていくことになった。

義鷹少年を「帰れ」と止めた三宅さんという軍人によって、義鷹さんは自分の手をフィリピン人の血で染めることからは、なんとか免れることができました。その後、飢餓地獄ともいえる過酷なジャングルの中、今度は三宅さんが、義鷹さんによって命をつないでいくことになります。

ダバオに残留した高森さん兄弟。
左から二男の義鷹さん、四男の才五郎さん、長男の明さん。ダバオ郊外トリルにて

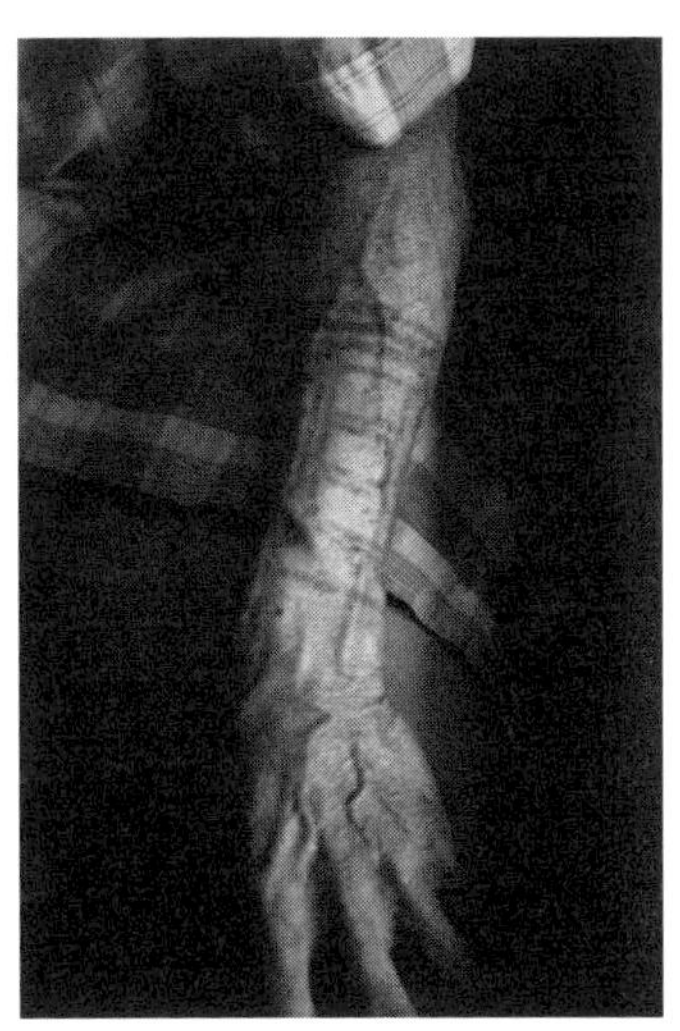

義鷹さんの腕に彫られたタガバワ族の入れ墨

密林のジャングルの中は、時々激しいスコールが降った。食べるものはほとんどなく、たくさんの日本人が次々と亡くなっていった。

ぼくは、猿が食べるものと同じものを食べるようにしていた。猿が食べるものならば、毒はないはずだから。そうやって食べても大丈夫な草を見つけては三宅さんに食べさせていた。オタマジャクシなどを捕まえて食べさせたこともある。

三宅さんがひどい腹痛に苦しんでいた時は、ヤシの木に巻き付いているラタンのツルの芯を薬として食べさせたよ。

三宅さんの衰弱がひどくなった時は、猿を捕まえて、その脳みそを食べさせた。前に、日本領事館の人がお父さんに猿の脳みそを注文していたのを思い出したんだ。その時、お父さんが「猿の脳みそにはとても栄養がある」と話していたからね。

実際、猿の脳みそを食べた三宅さんは元気を取り戻すことができた。

タモガンの山中では、多くの日本兵や一般日本人たちが、爆撃ではなく飢餓や病気によって命を落としています。これは、レイテ島やルソン島など、ほかの島々で敗走する日本人たちも同様でした。圧倒的な米軍の戦力の前に部隊は崩壊、統制のなくなった日本兵たちは、砲火を避けて逃げ込んだジャングルの中、戦力も戦意も喪失し、飢餓という最大の敵の前に次々と倒れていったのです。

しかし、アポ仙人の異名を持つ父に育てられた14歳の義鷹少年は、ジャングルの中で、

その逞しさを発揮し、知恵と行動力で力強く生き延びました。そして終戦。飢餓地獄を生き抜いた三宅さんと義鷹さんは山を降ります。三宅さんは日本へ強制送還され、義鷹さんは母の待つバラカタンの村へと戻っていきました。冒頭の証言にある通り、義鷹さんの腕には、青い格子模様の入れ墨が入っています。日本軍に協力した義鷹さんがフィリピンの社会で生きていけるよう、お母さんがタガバワ族の入れ墨を入れさせたといいます。

長らく、日本の身元がわからない状態だった義鷹さんたち兄弟。外交史料館の旅券下付表から父親の身元が明らかになったのは１９９７年のことでした。そして、兄弟の中で１人だけ強制送還されていた三男のナパンさんと連絡がついたのでした。兵庫県で暮らしていたナパンさんに、フィリピンでのこと、強制送還のいきさつや戦後の暮らしについて聞かせてもらいました。

「アポ仙人」と呼ばれていた親父は、アポ山のことをよう知っていた。目をつぶっていても歩けるくらいやったからな。鹿狩りの名人で、バゴボ人を連れて1日に50匹は捕まえていた。その皮を日本軍にあげて、代わりに猟銃の弾や塩をもらっていた。

アメリカ軍の攻撃が始まった頃、日本軍が親父を頼って逃げてきてな。親父は、俺と兄貴の明にそれぞれ一個中隊を任せて逃げる方向を指示した。兄貴の明は、親父から猟師として銃の訓練を受けていたから百発百中の腕前やった。一発で必ず撃ち殺せたから、ものすごい活躍してな、百発百中で敵を撃ち殺していた。

でも、ぼくらの行く先、行く先、必ずアメリカ兵に見つけられて攻撃された。なぜ見つかるんやろうと思っていたら、アメリカ兵から菓子やパンをもらったバゴボ人たちがぼくらの行き先を教えていたことがわかった。バゴボ人が密告するのならば、ということで、日本軍は行く先で民間人を皆殺しするようになった。アメリカ側についているかどうかなんて、確認しようがないから、自分たちと行動を共にしているバゴボ人以外、無差別に殺していった。

しまいには、兄貴の首に賞金がかけられるほど、兄貴は狙われるようになった。兄貴は猟師の技術を戦争に使ってしまったから、狙われてしまったんや。

そのうち、「戦争は終わりました。出てきてください」というアナウンスがあった。でも、兄貴は「出ていったら殺される。命ある限り日本のために闘う」言うて山に残った。義鷹もお袋に会いたいから残ると言った。僕は親父と日本に帰りたいと言った。

山を逃げていく途中、小屋の中で兄貴と寝ていても、兄貴の首を狙って床下からぶすっとヤリが突き刺さってくるようなこともあった。そんなところにおるよりは日本へ行こうと思ってな。それで、親父と一緒に投降して収容所に入ったんやけど、収容所へ向かうトラックに乗っている間も、フィリピン人から石を投げつけられて顔を外にも出せんかった。

収容所の中に入ったら、今度は「生き恥さらして日本に帰れない」言うて、子どもを殺して自分も自害する人が続出した。大和魂というものやな。だから、その頃のぼくはいつも死体と一緒におるような感じやった。ぼくもいつかこうなるのかなあ、と思ったりしていたけれど、怖いというのはなかったな。

ある日、米兵が来て子どもと親を引き離した。「私たちは、あなたたちを恨みません。戦争は終わったのですから、子どもを大事にしなくてはいけません。子どもたちは責任をもって日本へ返しますから、親も子どものために命を大切にしてください」言うてな。ぼくたち親から離された子どもはすぐに船に乗せられた。

出発の直前、家の使用人だったバゴボ人が来てな、「お母さんもお兄さんも弟も、みんな殺された」と金網越しにぼくに言うんや。でも、そんな状況やから、ぼくも驚かんかった。ああ、殺されてしもうたんやな、と思っただけやった。

義鷹さんとともにダバオに残留していたお兄さんの明さんは、当時のことを何も語ろうとはしませんでした。ナパンさんの話を聞いて、明さんの沈黙の理由が少しわかったように思いました。

強制送還された時、ナパンさんは11歳でした。お父さんと離れ離れになったまま日本に送り返されたナパンさん。引き揚げ船は、原爆の傷跡の生々しい広島の宇品に入港しました。宇品の収容所には引揚者の子どもたちが大勢いましたが、迎えの人が来ると次々と収容所を出ていきました。最後には、ナパンさんを含めて3人だけが残されたといいます。お父さんの保太郎さんは、なかなかフィリピンから帰ってきませんでした。

収容所では、広島の原爆で死んだ人たちの死体を集めて焼く手伝いをしていた。誰が誰の骨かもようわからんような状態やった。生まれて初めて経験する寒さに肌がひび割れて血が出てくるし、空から雪が降ってくるのを初めて見たときは、綿か何かと思ってびっくりして逃げたりもした。悲しくて悲しくて、いつもお月さんに向かって「みんなが殺されたのに、なんで自分だけ生きて帰ってきてしまったんだろう。一緒に死にたかった」と話してたな。

何度も自殺を考えたというナパンさん。ようやく引き揚げてきたお父さんも、実は日本に最初の奥さんがいたことが判明し、そこにナパンさんの居場所はありませんでした。

その後、島根の叔父さんの家に身を寄せます。興行師をしていたという叔父さんの家は役者さんたちが大勢いて賑やかでした。

叔父さんはシラミだらけのナパンさんをお風呂に入れてくれて、新しい服や鉛筆を用意して学校にも通わせてくれました。ようやくナパンさんは日本での居場所を手に入れることができたのでした。

中学卒業後、ナパンさんは自衛隊に入隊、仙台に配属されました。自衛隊を除隊後は運送会社で働いてきたナパンさん。１９９７年、死んだと思っていた兄弟がフィリピンで生きていたことを知らされた時はどのような気持ちだったのでしょう。

兄貴たちが生きていると知った時は、すぐにでも会いに行きたかったけれど、そんな金もなかった。でも、いつになっても余裕ができるはずもないから、会社の社長に頭を下げて、なんとか金を工面して、ようやく会いに行った。

ダバオ市トリルの日系人会の事務所に行ったら、甥や姪が何十人もおってな、次々に抱きついてきた。なんで会いに来るのがこんなに遅くなったのかって聞かれたから、ぼくもきちんと説明せないかんと思って「兄弟はみんな殺されたと聞いて、生き残ったことを苦しく思いながら日本でひとり、50年間生きてきたんや」と話した。

昔家族で住んでいた家の跡地の裏の竹やぶに、お袋の死んだ場所の土と、親父の写真を一緒に置いて「忙しいかもしれんけど、1年に1回はこうしてやってな」と言ってきた。夜は兄弟4人で並んで寝たんやけど、言葉の問題で話もできなくて、兄貴の肩をもんであげるくらいしかできなかった。

今も、忘れられないことがある。兵隊たちと山を逃げていく時、女も子どもも見境なくバゴボ人を皆殺しにしていったやろ。その時、一緒に逃げていたバゴボ人が「自分にやらせてくれ」言うんや。ぼくの目の前で、バゴボ人の女の子が、同じバゴボ人に首を切られた。でも、バゴボ人は日本刀の扱いに慣れていないからうまく切れないんやな。それで、その女の子が喉から泡を噴きながら声にならない声で「痛い」言うのが、耳をついて離れない。忘れられないんや、今でも。

敗走時の混乱の中で繰り返された、民間人の虐殺。戦後残留した2世が、あまり語りたがらなかった事実を強制送還された兄弟の口から聞くことになりました。残留した2世たちは、沈黙を守ることでしか、フィリピンで生き延びることはできなかったのかもしれません。

自らの意思で残留したのかと言えば、義鷹さんや明さんは、そうだと言えなくもないでしょう。「フィリピン残留は自己責任」というのが、日本の厚生労働省の一つのスタンスとなっています。退路を破壊され文字通り置き去りにされた中国残留孤児との違いを指摘しているのでしょう。

しかし、戦後の混乱期、山から下りれば殺されると思って隠れ潜んでいたから、残留は自己責任、フィリピン人のふりをして生きる道を選んだのだから日本国籍の回復も自己責任、というのは、問題の本質とかけ離れた論理ではないでしょうか。

そもそも、なぜ彼らは自分のアイデンティティを隠さなければ生き延びることのできないような過酷な状況に追いやられたのでしょうか。日本が起こした戦争に、日本人として加担せざるを得なかったために起きた悲劇でした。そのことによって被ったダメージを回復できるのは、日本政府しかありません。

義鷹さんたちは、幸いにして元気なうちに日本の身元が判明し、生き別れた兄弟とも再会することができました。しかし、いまだに第二第三の義鷹さんのような残留者たちが、身元未判明のまま、日本人であることの確認を求めてひたすら待ち続けているのです。

自分が日本人の子だと知ったのは小学生の時だった

カナシロ・ロサさん

〈記録・田近陽子〉

身元のわからないお父さん。つながりを示すのは、教会の洗礼記録台帳に残された父親の名前欄にある「コシエ　カナシロ」「ジャパン」の表記、そして、父が自分につけてくれた「マサコ」という日本風の名前だけ。

ミンダナオ島ダバオ生まれのカナシロ・ロサさんは、自分が日本人の子どもだということを知らずに育ちました。事実を知らされた日、これまで家族とのかかわりの中で感じていた小さな違和感の理由が何であったのかに気づいたのです。

1943年9月生まれのロサさんに、父親の記憶はありません。母や母の兄弟から聞く父親の情報は断片的なものばかりでした。

父の名前はコシ。沖縄からダバオに渡り、ダバオ市マガリャネス通りのオオサカバザールで理髪師をしていたんだって。でも、そのことを私が知ったのは、もうずいぶん大きくなってからなんだよ。

母はセブ出身だったんだけど、戦前に両親と一緒にダバオに来て家族で食堂を切り盛りしていたそうさ。母は父と出会う前、フィリピン人男性と結婚していたらしいんだけど、その男性は狂犬病で早くに亡くなってしまった。

家族でやっていた食堂はとっても小さくて、メニューも2つしかなかったと言ってたね。そこに食事に来ていた父と恋に落ちて、一緒に暮らすようになったんだよ。

当時の父について、母はあまり話してくれなかったけれど、母の弟ゴドフレド叔父さんや妹のレオニディサ叔母さんに聞くと、理髪師の父はいつもハサミと剃刀を持って自転車に乗って食堂に来ていたらしいね。食堂での父と母は、とても仲よさそうにしていたって。

私が生まれたのは1943年9月。すでに戦争が始まっていた頃だね。

父は、私のことを「マサコ」って呼んでいたそうよ。もちろん私の記憶にはないけれど。父はビサヤ語が話せたそうで、両親はビサヤ語で会話をしていたらしい。

ダバオ市のサンペドロ教会の古い洗礼台帳には、1943年10月10日のロサさんの

洗礼記録が残っています。生後1カ月に満たない小さなロサさんは白いベビードレスに身を包まれて、無事に洗礼式を終えたのでした。

洗礼式では両親とも正装していて、私は白いベビードレスを着ていて、祖父がみんなにごちそうをふるまったと聞いたよ。記憶になくても、私と父の幸せの時間が確かにあったってことだね。それを思うと父が恋しくて仕方なくなる。

戦中、父は日本軍の兵隊になったと母は言ってた。戦争が激しくなると「すぐに戻る」と言って出ていき、二度と戻ってこなかったんだ。生きてるのか、戦死したのか、その消息は誰も知らないんだよ。

母は、まだ赤ん坊だった私を連れて実家に戻った。爆撃が激しくなると、母は幼い私を連れて山の中に逃げ込んだ。フィリピン人ゲリラに見つかれば、日本人は赤ん坊でも容赦なく殺されていたからね。母は私をバスケットに入れて、上に布をかぶせて隠して運んでいたそうだよ。栄養状態が悪かったせいか、母は母乳がまともに出なくて、私は果物や芋をつぶしたものを食べさせられていたらしい。

山では餓死した人もたくさんいたんだから、命をつないでもらっただけでも幸運だったと思わないといけないね。

戦争が終わっても、ロサさんの父親の消息はわからないままでした。母親は

1948年にフィリピ・マタというフィリピン人男性と再婚します。異父妹や弟たちも生まれました。ロサさんは長いこと、フィリピさんが自分の実父だと思って暮らしていました。

私は義父の姓であるマタを使って、ロサ・マタという名前で小学校に通っていたよ。もちろん、それが自分の正式な名前だと思っていたしね。だけど、8歳くらいの頃、ふと気が付いたのさ。弟や妹たちは父がお誕生日のお祝いをしているのに、私だけ誕生日を祝ってもらったことがないなって。

誕生日の話を始めた途端、それまで、にぎやかに動き回る孫の相手をしながら淡々と話していたロサさんの表情が一変しました。突然、大粒の涙がロサさんの目からあふれ出したのです。まるで少女のように泣きじゃくるロサさん。

私は不思議に思ったけれど、両親には何も聞かなかったよ。子ども心にも、何か聞いてはいけないような気がしていたから。父が家の手伝いを命じるのも、妹や弟でなく私だけ。もちろん妹や弟はまだ小さかったし、私は長女だから仕方ないのかなとは思ったけど。なんとなく、父の私に対する態度に違和感を感じてたよ。

その答えを知ったのが、9歳か10歳くらいの頃。親せきや近所の人たちから、「あなたのお父さんは日本人で理髪師をしてたんだよ」とか「親切でいい人だったたね」というような話を何度も耳にするようになったんだ。そんなことってあるんだろうかと思って母に事実を確かめた。でも、母は、そんなのはウソだって否定したんだよ。

それで私はゴドフレド叔父さんと、その妻のルシア叔母さんに聞きに行った。ルシア叔母さんは知っていることをみんな話してくれたよ。私の父が沖縄出身の理髪師だったことは間違いないって。父はとっても毛深くて、そして私の顔は父にそっくりだって言われた。

私はもう一度母に確認した。ルシア叔母さんからすべてを聞いたと知って、母はようやく私の父が日本人であることを認めたんだ。母から「お父さんはあんたをマサコって呼んでいたんだよ」と教えてもらった。

家族の中で、自分だけ誕生日を祝ってもらえなかった理由がようやくわかり、私は声を上げて泣いたよ。あの時の気持ちは言葉では言い表せないね。本当の父と一緒に暮らしていたら、こんな思いをしなくてすんだのに、と思うと、涙が次から次に出てきた。

自分の本当の父親が日本人であることを知った後も、ロサさんの暮らしは大きく変わることはありませんでした。小学校の同級生たちに、ロサさんが日本人の子どもであるということを気づかれることもなかったといいます。

私が父のことを知った後も、母は私に父について話すのを避けていたよ。再婚した夫に気を

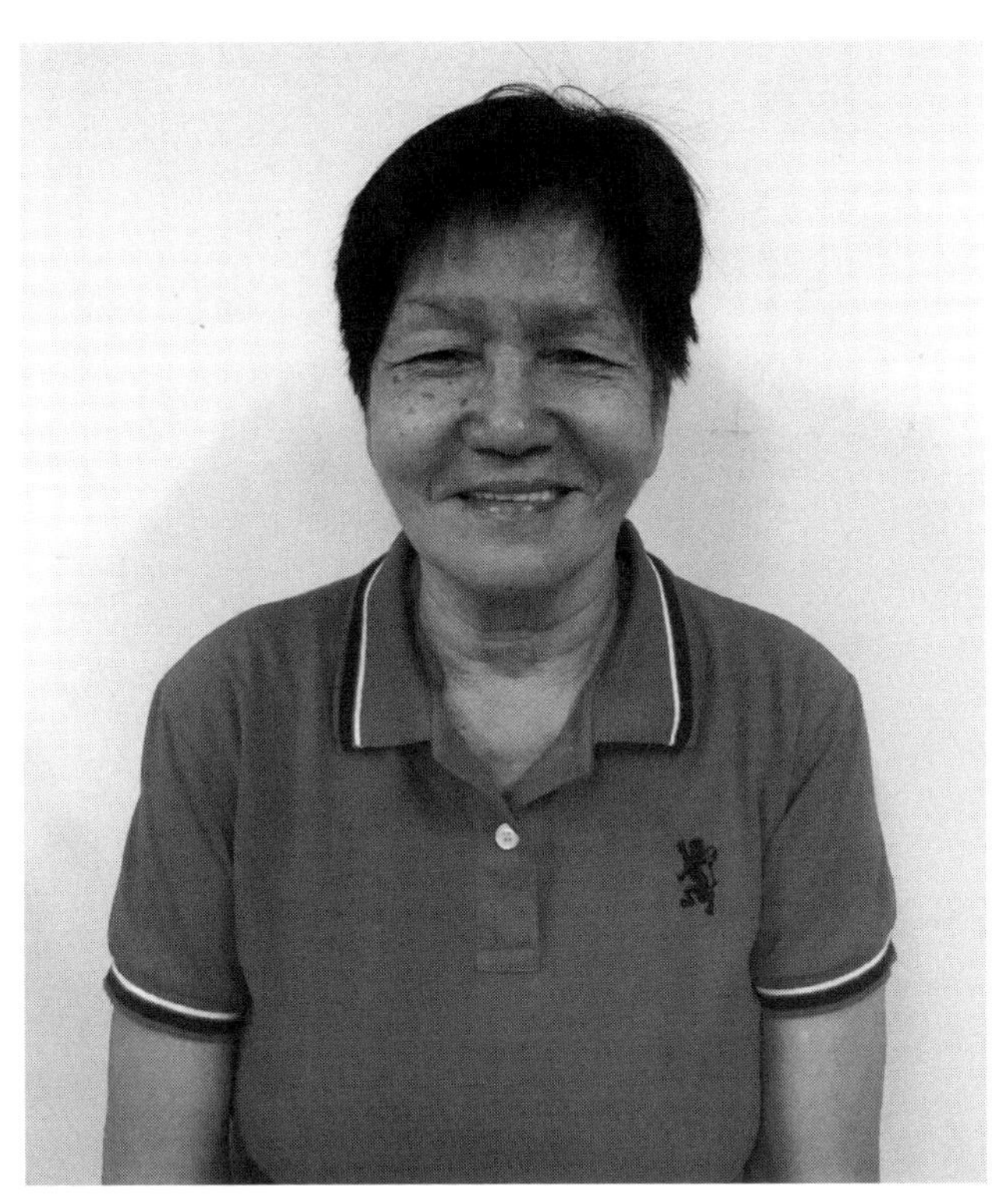

2007年、ダバオの日系人会に
聞き取り調査に訪れたカナシ
ロ・ロサさん

使っているのがわかったから、私の方も、義父の目が気になって、話をしづらい感じがあった。今思えば仕方ないとは思うけれど、とにかく、家は私にとって居心地のいい場所ではなくなってしまった。

私は小学校を卒業するとすぐ、ダバオ市内の「エドワーダスト」っていう食堂で働き始めた。食堂以外に子守りの仕事もしたよ。進学なんて義父に頼める感じじゃなかったし、早く家を出たかったしね。一生懸命働いた。もう少し大きくなると、今度は中国人が経営する「ダバオカフエ」で働くようになった。そこで結婚するまで働き続けたよ。

1960年末、私は初めて自分の洗礼証明書を取り寄せた。結婚が決まって、私の出生証明書が必要になったんだけど、出生証明書が見つからなかったので、私の出生事実を証明する書類として洗礼証明書が必要だったんだ。

そこで初めて、私は父の名前をはっきりと目にした。「コシエ　カナシロ」「日本」と書かれた父の欄を見て、私は自分の父親が本当に日本人なんだと実感した。同時に、義父が妹や弟だけをかわいがっていたことを思い出してしまって、とても複雑な気持ちになったね。

ここに書かれている私の本当のお父さん、カナシロ・コシエがそばにいてくれたら、私の生活は違っただろうって、改めて思った。

母は文字が読めない人だったから、私の洗礼証明書を母に見せたことはないよ。

ロサさんは、１９６０年12月17日、セブ島出身のニカノール・アンティプエストさんと、自分が赤ちゃんの時に洗礼を受けたのと同じダバオ市のサンペドロ教会で結婚式を挙げました。わずか17年前、同じ教会で白いベビードレスに包まれていた赤ちゃん。その隣に確かに立っていたはずのお父さん、カナシロ・コシエさんの存在は、今もまだ、明らかになっていません。

戦争で死んでしまったのか、あるいは生きて強制送還されたのか、何もわからないまま、ロサさんは77歳になりました。父親のことを語りたがらなかった母親は98年に病気で亡くなり、連れ添って生きてきた夫も２００１年に天国に召されました。07年、聞き取り調査に訪れたロサさんは、最後にこう言いました。

「今でも誕生日になると、自分の誕生日だけ祝ってもらえなかった子ども時代を思い出してしまう。父の身元を捜し出して、日本人と認めてもらうのが、私の夢なんだよ」

ロサさんは、果たしてあと何年、日本政府からの救済を待ち続けることができるでしょうか。

「俺は殺せ、子どもは逃がしてくれ」射殺される前に、子どもの命乞いをした父

大下フリオさん

〈記録・猪俣典弘〉

フィリピンの西の端、スールー海に浮かぶ細長い島、パラワン島。「フィリピン最後の秘境」の異名を持つこの離島には日系人会もなく、長いこと、残留日本人の調査が行われることもありませんでした。

私たちが初めてパラワン島へ調査に入ったのが2012年のこと。マニラの日系人団体に「私の父は日本人です。私を助けてください」という手紙が届いたのがきっかけでした。

プエルトプリンセサの小さな空港に到着すると、「パラワンへようこそ」というボードを書いて立っている盲目のおばあさんがいました。彼女が「助けてほしい」と

いう手紙を書いた2世の岩尾ホセフィナさんでした。車に乗り込んだホセフィナさんは、私の手をぎゅっと握って放しませんでした。

「強く強く願えば、願いは叶うのね。こうして日本から会いに来てくれたのね。でも、もう少し早く来てくれたら、私が失明する前に、あなたの顔を見ることができたのに」

これまでパラワン島に調査に訪れなかったことが申し訳なく、返す言葉がありませんでした。

その後、調査のためにパラワン島を訪れるたび、島のあちこちから「私の父は日本人です」という人が現れました。日本軍による島民虐殺、その報復としての抗日ゲリラによる日本人殺害、さらに1944年には150名近い米軍捕虜が日本軍によってガソリンをかけられ、生きたまま地下壕の中で焼かれるという事件が起きます。報復の連鎖によって虐殺の島となったパラワンは、日本人に対する憎悪の感情もすさまじく、多くの残留者たちは戦後長いこと沈黙を守ってきたのでした。

そして、2018年の聞き取り調査に初めて現れた大下フリオさんも、そんな残留2世のひとりだったのです。1930年生まれのフリオさんは、日本人の父親についての記憶をゆっくりと話し始めました。

ぼくの父、オオシタマツイチは、18歳くらいの頃にナガサキだったかヒロシマだったか、そのあたりからフィリピンに来たと聞いているよ。パラワン島に来た父は、島の西岸にあるリサル町のホムシン木材会社でアシスタントマネージャーとして働いていたらしい。ホムシンはマニラに本社があり、父の上司はノルウェー人だったって。

父はフィリピンに来てから緑内障を患ったらしく、左目がなかった。マニラで摘出手術をしたと言ってたよ。

リサル町には岩尾さんという日本人（ホセフィナさんの父親）がいて、お互い家族同然の付き合いをしていた。岩尾さんは大工だった。父も、木材会社の仕事をしながら大工や雑貨商をしていた。父はマニラに行って品物を仕入れてきては、店で販売していた。マニラに仕入れに行くと、1～2カ月は帰って来なかった。

両親が結婚したのは1916年。母はイスラム教徒のパラワン族の酋長の娘だった。10人の子どもが生まれたが、ぼくは7番目。母は末っ子のソリダッドを生んだ直後の35年に亡くなった。ぼくの記憶の中では、父の営む雑貨店はかなり大きくて、缶詰だとか衣類なんかも扱っていた。たくさんのフィリピン人スタッフが働いていたよ。日本人も1人いた。名前はマルタさんといったように記憶してるけれど、戦前に病死してしまった。

戦前のパラワン島には、木材伐採や大工、漁業などに従事する日本人移民が130名ほどいたことが、私たちの調査から明らかになっています。この日本人移民たちの生活は、太平洋戦争の勃発によって一変しました。

太平洋戦争中のパラワン島は虐殺の島として知られるほど、多くの血が流されています。抗日ゲリラ掃討の名目で島民が拷問を受けて多数殺害されると、島民と日本人の関係は一気に悪化、1000名もの島民が抗日ゲリラ運動に加わったと言われています。日本軍による弾圧も激しさを増し、スパイ容疑で島民が次々と捕らえられていきました。当時の州知事もスパイ容疑をかけられて首を斬り落とされています。

抗日運動はますます激化、実際、調査に名乗り出てきた2世たちのほとんどが、父親をゲリラに殺害されていました。フリオさんの父もまた、岩尾ホセフィナさんの父とともに1942年6月に殺害されています。

1941年12月、太平洋戦争が始まるとすぐに、父は逮捕されて島の東側にあるブルックスポイントに連行された。岩尾さんも一緒だったよ。そこでしばらく拘束されていたけれど、翌年3月にリサルの家に戻ってきた。

その後、ぼくたちの家族と岩尾さんの家族は、フィリピンゲリラから命を狙われているということで、リサルのはずれの家に一緒に避難して暮らし始めた。4人のフィリピン人がぼくたちの警護についていた。

6月23日の夜、まず最初に殺されたのは岩尾さんだった。

夕食後、岩尾さんの娘が「水が飲みたい」と言い、岩尾さんが外に水を汲みに出た。すると、ぼくたちを警護していたはずの4人のフィリピン人たちが、岩尾さんを銃で撃ったんだ。

驚いたぼくたちは、家の天井に隠れた。父だけが外に出ていった。

ぼくはフィリピン人が「鉄砲の弾が切れそうだから、刀を使おうか」というようなことを話しているのを耳にした。そのあと、「殺すのは自分だけにしてくれ。子どもたちは逃がしてやってくれ」と頼んでいる父の声が聞こえた。それから一発の銃声がしたので、父が撃たれたことを知った。

岩尾さんと父を殺した4人はブルックスポイントの出身だから、ぼくは今でも全員の名前を

2018年の聞き取り調査に現れたフリオさん（右から２人目）。前列左のサングラスの女性が同じ残留２世の岩尾ホセフィナさん

覚えている。彼らは父を殺すと家の中に入ってきて、物色してまわった。そして、お金や書類の入っていた箱を持って立ち去った。ぼくたちは殺されずにすんだんだ。

外に出てみると、岩尾さんは右腕と背中を撃ちぬかれていた。父は胸を撃たれて死んでいた。

「建設業の仕事をしていた父はフィリピン人の警官に連行され、自分で掘らされた穴に入れられ、手りゅう弾を投げ込まれて殺された」「漁師の父は戦中にゲリラに殺害された」「大工の父は、ほかの日本人とともに銃で撃ち殺された」「スパイ容疑をかけられて銃殺された」——。

パラワン島の残留2世から聞く父親の最期の話はいずれも痛ましいものばかりです。そして、2世たちの長年の沈黙こそが、虐殺の島で戦後を生き抜いてきたことの過酷さをあらわしているといえます。

その中で、フリオさんだけは少し異色でした。フリオさんは、戦後もオオシタ姓を名乗り続けてきました。彼らが日本人の子どもであることは地域に知れ渡っていました。

母のルーツであるパラワン族は勇猛果敢で地元でも恐れられているんだ。いまだに解毒剤が見つけられていない猛毒の吹き矢で知られている。母の父はそこの酋長だったからね。ぼくたち家族は一族に守られていた。だから命の危険はなかったんだ。

とはいえ、戦後の暮らしは楽ではなかったよ。

戦後まもなくアメリカから湾岸警備隊がやってきて、ぼくはブラックさんという隊員のボーイとして働き始めた。彼は子どもを亡くしていたらしく、ぼくのことを実の子どものように可愛がってくれて、ルソン島のカビテの小学校と高校に通わせてくれたんだ。

ブラックさんが米国に帰っている間に事故で亡くなってしまい、ぼくは高校を2年で中退し、パラワンに戻ってきて農業と漁業をするようになった。貧しい暮らしだよ。

ぼくは10人兄弟だけれども、今も生きているのは姉のナリンとぼく、弟のデルフィン、末っ子のソリダッドの4人だけ。1921年生まれのナリンは、父が生きていた頃は日本語もペラペラで、父の右腕としてバリバリ働いていた。今はもう、日本語をすっかり忘れてしまったけどね。

実は、このナリンの一人目の夫は、ぼくたちファミリーのヒーローなんだよ。

というのも、愛する妻の父親のかたき討ちをしたからなんだ。つまり、父と岩尾さんを殺したフィリピン人たちへの復讐を果たして、懲役20年の服役を終えた人なんだ。

多くの残留2世たちが、父を殺されたかたき討ちなんてできずに、日本人であることを隠してひっそりと生きてきたことは知っているよ。

でも、パラワン族に守られてきたぼくたちは、少し状況が違っていた。

マイノリティである少数民族が、同じマイノリティである残留日本人を守ってきた

という、フィリピン社会の奥深さを知る貴重な証言を聞くことになりました。

しかし、こうして母の部族に守られてきたフリオさんのようなケースはとても珍しいもので、パラワンに残留した2世たちの多くは、社会的にも経済的にも大変に厳しい戦後を過ごしています。

一方で、父の身元がわからないという苦しさは、フリオさんたち一家も同様でした。

大下さんの一族が地元で営む雑貨店の店名は「オオシタ・ストア」だ

ぼくたち家族は、父の日本の親せきをずっと捜したいと思ってた。でも、もちろん日系人会なんていう存在があるとは知らなかったから、できることと言ったら、日本大使館に手紙を書くくらい。１９６０年代に兄のラモンが大使館に手紙を送ったんだよ。返信はきたけれど、親せきにつながるような情報は何もなかった。
今回、岩尾ホセフィナのところに日本の支援団体が来るって聞いて、会いに来たんだ。

息子を伴って、ブルックスポイントの岩尾ホセフィナさんの家にいた私に会いに来てくれたフリオさん。「ここから100キロほど離れたところに父と岩尾の墓がある」と教えてくれました。

一緒に車に乗って、お墓を訪ねさせてもらいました。きれいなコンクリートのお墓が残っていました。

1970年頃にパラワン島に来た日本人旅行者の一行が、日本人の子どもがいると聞いて、フリオさんの兄であるアセロさんを訪ねてきたといいます。当時、アセロさんは地元の地区の区長をしていました。日本人旅行者たちはアセロさんの話を聞くと、ぜひお父さんにお墓を作ってあげて欲しいと、セメントのお金を寄付してくれたといいます。

観光ブームになるはるか前にパラワンを訪れた日本人の旅行者の方たちが、なぜ島を巡っていたのか、今となってはわかりません。パラワンが戦場となったことに、何らかのつながりを持っておられたのかもしれません。

そして、はるばるブルックスポイントまで私を訪ねてきたフリオさんが、どのような気持ちで戦後を過ごしてきたのか、その長い年月に思いを馳せながら、お墓をお参りさせてもらいました。

お墓からの帰り道、88歳とは思えない力強いフリオさんの足取りに、思わず「お元気ですね」と声をかけると、フリオさんが答えました。

「頑丈だよ。なんたってメイドインジャパンだ」

一緒にいたフリオさんの姪がくすくすと笑いました。

痛みもくやしさも飲み込んで、朗らかな声でジョークを飛ばすフリオさんの小柄な背中が、なぜかとても大きく見えたのでした。

今、フリオさんは就籍申し立てのための書類の準備を進めていますが、両親の婚姻の事実を証明する書類の作成に苦労しています。書類も残っておらず列席者ももはや生存していない100年以上前の婚姻の事実を証明するのは至難の業です。

一方の岩尾ホセフィナさんは、幸運にもホセフィナさん自身の当時の洗礼記録が教会に残っていました。記録には父親である岩尾さんの名前もアルファベットで記載されていたことから、両親の婚姻の事実が推認されると判断され、就籍許可の審判が下りました。

戦前から家族同然の付き合いをし、父親を同時に殺された2人ですが、明暗がくっきりと分かれてしまっているのです。

ゲリラ兵の妹に拾われた、集団自決の生き残りの赤ちゃん

ラザロ・トゥバンさん

〈記録・大友麻子〉

ラザロ・トゥバンさんは、両親ともに日本人である可能性がきわめて高い残留者です。しかし、彼は両親の顔を覚えていません。名前すらわかりません。もちろんどこの出身なのか、自分のきょうだいがいたのかどうかも知りません。

彼は、赤ちゃんの時に、両親を失いました。

パナイ島イロイロ在住のラザロさんは、船乗りの仕事をしており、世界中を飛び回っていました。日本にも立ち寄りましたが、それはフィリピン人としてでした。

ぼくはイロイロ郊外のマアシン町スヤックの山の中で拾われた。

ぼくを発見したのは近所に住むパズ・コロナド・ウダ・デ・ヒメナというフィリピン人女性だった。竹やぶの陰にたくさんの日本人の遺体が転がっていたらしい。その中に、母親らしき日本人女性の遺体の脇で泣いていたぼくを見つけたんだ。

ぼくはその女性の返り血を浴びて血まみれになっていたらしいが、青い日本の着物を着ていたと言っていた。生後10カ月くらいの赤ん坊に見えたそうだ。

パズの兄のレメシオは当時抗日ゲリラだったんだが、彼がぼくを引き取ると言った。パズは当時7カ月の乳児を抱えていたから、ぼくに乳を飲ませて育ててくれたらしい。

その後、パズの別の兄、ビクターの元にぼくは引き取られた。ビクター夫婦は子どもがいなかったので、ぼくを自分の子どもにしたかったそうだ。

パナイ島イロイロには、集団自決を生き延びた日本人の子どもたちがいます。

「集団自決」は、沖縄戦でもたびたび起きています。「生きて虜囚の辱めを受けず」という戦陣訓を叩き込まれた一般市民たちが、敗走する中で追い詰められ、捕虜となるよりも死ぬことを選び、親が子に手をかけ、あるいは息子が母に手をかけるなどして命を絶ったとされています。

しかし一方で、集団自決の生き残りとなった子どもたちの証言からは、それとは異

なる状況が浮かび上がることもありました。

沖縄出身の父を持つトウマ・セイゾウさんも、やはりイロイロの集団自決の生き残りでした。１９３６年生まれのセイゾウさんには、当時の記憶が鮮明に残っています。

「日本兵と日本人市民たちは、激しい攻撃を避けてマアシンの山へと逃げ始めた。逃避中も攻撃は続き大勢負傷した。ぼくの父、トウマ・カメキチも太ももに重傷を負った。逃避を始めてから３日くらい経った時、みんなで休憩を取ることになった。日本軍の指示で、地面にくぼみが掘られ、負傷した人たちはそこに寝かされた。ぼくも兄弟と一緒に母の隣で眠った。翌朝、ぼくが目を覚めると、信じられないような光景が広がっていた。横に寝ていた母もきょうだいたちもみな、刺し殺されていた。負傷していた人たちもみな、地面のくぼみの中で刺し殺されていた。父も殺されていた。一緒に寝ていたはずの日本軍の兵士たちの姿はなかった。軍人たちは、足手まといになった負傷者とぼくら市民を殺して逃げてしまったんだと気づいた。ぼくは母の返り血を浴びていたから助かったんだ。弟の１人も胸を刺されて重傷だったけれど生きていた。ぼくたちはそのまま米軍の捕虜になって生き延びた」

果たしてラザロさんが拾われたスヤックの竹やぶと、セイゾウさんが生き延びた虐殺の現場が同一であったのかどうかは、彼らの証言だけではわかりません。

しかし、彼らが、イロイロ郊外の山中の、集団自決あるいは集団虐殺の現場で生き延びたことは共通の事実でした。

パナイ島イロイロ市郊外の日本人集団自決現場。
現在は関係者の手で慰霊碑が建立されている

その後、ぼくが4歳くらいになった時、トゥバンという神父がビクターの元を訪れた。神父は集団自決の現場から拾われた孤児の話を聞いて、養子にしたいと申し出てきたんだ。

ぼくは正式にトゥバン神父の養子となり、ラザロと名付けられた。聖書に出てくる、死人の中からよみがえったラザロの物語にちなんで付けられた名前だよ。実際、死人の中からぼくは拾われて命をつないでもらったからね。

だけど、当時のぼくはビクター夫婦にすっかりなついていたから、神父の元に行くことを嫌がったらしい。そのころのぼくは自分がビクター夫婦の子どもであると信じて疑っていなかったからね。

だけど、小学校に入学した時、養父母から「お前の両親は日本人（ハポン）だ。日本人の集団自決現場で生き残っていた赤ちゃんだったお前を拾ったんだよ」と告げられた。衝撃だった。

ぼくの身元を証明するものは、何一つない。パズが言うには、青い着物の胸のところに、何か紋章みたいな模様がついていたそうだが、その着物もとっくに捨てられて手元にはないよ。

ラザロさんは、小学校5年生になった時、迎えに来たトゥバン神父に引き取られて、神父の元で大学まで進学させてもらうことができました。大学卒業後、ラザロさんは船乗りとして働き始めます。多くの人たちの愛情を受けて生きてくることができたラザロさんですが、しかし、胸のうちにあるのは、「自分は何者か」という疑問だ

ったといいます。

1989年8月7日、ぼくはマニラの日本大使館あてに手紙を送った。自分の本当の両親や兄弟が誰なのかを知りたい、日本の親せきの身元を捜す手伝いをしてくれる人はいないだろうかと尋ねたんだ。だけど、返事は来なかった。

身元の確認が無理ならば、せめて、日本政府にぼくが日本人であることを認めてもらいたいよ。せめて、それくらいは願ってもいいだろう。

「ぼくにも、残留日本人だと認められる可能性はあるのかな?」

96年、聞き取り調査の場に現れたラザロさんは細い目で、じっと私を見つめていました。私には返す言葉がありませんでした。その後、ラザロさんは身元未判明者のひとりとして集団帰国に参加しましたが、身元が判明することもなく今に至っています。

これでも、日本政府は「自己の意志で残留した」と言えるのでしょうか。生後10カ月で、集団自決という名による大量殺人の犠牲者となった親を持つ彼に対して。

そして、ラザロさん同様に、身元の特定に至る情報を見つけ出すことの叶わない残留者たちが多数、フィリピンに置き去りにされているのです。しかし、彼らが情報を得られずにいること、情報が失われてしまったことは、彼らの責任ではありません。

第3章

ハポン〈フィリピン残留日本人〉問題の解決にむけて

猪俣典弘

第1章と第2章では、ハポン=フィリピン残留日本人の問題のありかについて、おおよそを理解いただけたのではないだろうか。彼らの人生における困難さについても、それぞれのリビング・ヒストリーを示し、現在どのような状況にあり、そして何を求めているのか、ということについても、できる限り整理して提示した。

そのうえで、では具体的にどのようにして問題解決の道筋を見つけていけばよいのかということを、この章では一緒に考えていきたいと思う。

ここまで駆け足でたどった戦前戦中のできごとについて補足を加えて思考を深め、戦後の残留日本人たちの道のり、そして問題解決に向けた私たちの取り組みをご紹介しつつ、どのような課題に直面しているのか、それを乗り越える選択肢はどのようなものがあるのか、といったことを紐解いていきたい。

本章第1節〈戦前編〉と第2節〈戦中編〉では、フィリピンに大勢の日本人が移住していった当時の状況や戦時下に崩壊していった日本人社会などについてさらに掘り下げた。いわば「問題」について再度解説しているが、すでに十分に知識をお持ちという方もおられるだろう。そういう方は第3節の〈戦後編〉から読み始めてくださればよいと思う。ここでは、なにをもって「解決」とするのか、その道筋はどこにあるのかを示したので、今できうる最善の解決方法について、ともに模索していただければ幸いである。

第1節〈戦前編〉

明治維新と同時に始まった移民政策

江戸時代の鎖国政策が終わり、近代国家日本として最初の海外移民がグアムとハワイへ送り出されたのは1868年、明治元年のことだった。グアムへの移民はおよそ40名、ハワイへの移民は150名余り。横浜在住でハワイ国総領事の資格を持つアメリカ人商人によって送り出された移民たちは、自由移民とは言いがたく、サトウキビ農園に送り込まれ、過酷な労働条件の下で働かされたという。

あまりの過酷さに、救出を求める嘆願書が日本政府に寄せられ、翌年には使節団が送られ早くも40名余りが日本へと戻って来た。

しかし、その後も日本から海を越えて新天地を目指す人の流れは続く。

近代国家の仲間入りを果たそうとした日本は、日清戦争と日露戦争というふたつの戦争に辛くも勝利し、中国大陸への足がかりをつかみ、台湾や南樺太（現サハリン）を領有していく。

一方、日本の近代化が「富国強兵」を目指して進められたため、一般市民にその恩恵はほとんど行き渡らなかった。相次ぐ戦争や出兵による出費に伴って貨幣価値が変動する中、米価の高騰や下落に大きく翻弄されたのは地方の農民たちであった。

また、生活の近代化に伴い、消費行動も変化していく。より豊かでより便利な生活を実現するには、たとえ農家であっても現金収入が不可欠となった。あるいは、急速な工業化は地域の小さな産業を破壊していくことにも繋がった。また、江戸時代には3000万人台で安定していた人口が、明治期に入り爆発的に増加していったことも、余剰人口を海外へ送り出す圧力となった。

こうして、地元での生業の基盤を失った人たちや、重税に困窮する農家の次男三男などを中心に、地方から都市へ出稼ぎに行き、あるいは新天地に活路を見出すべく海外へと渡っていく流れは加速していった。

日本がアジアを植民地化していく中で、朝鮮半島や満州（現中国東北地方）、台湾などへ向かった移住者たちは、国策としての意味合いの強い対外膨張的な移民だった。一方で、ハワイやアメリカ、オーストラリア、カナダなどへ渡ったのは、日本より高い賃金が期待できるプランテーションなどでの労働者としての仕事を求める人たちが多かった。

いずれにしても、明治期の「富国強兵」「近代化」から大正期の「南進論」、そして昭和期の「大東亜共栄圏」へと引き継がれていく日本の国策により、海外への移民送り出しは積極的に続けられたのである。

好況にわくフィリピンへの労働移民

一方、その頃のフィリピンは、300年以上続いたスペイン統治からの独立を目指し、アメリカの支援を得てスペインと戦っていたが、結果的にアメリカに裏切られ、宗主国がスペインからアメリカに変わるという結果に終わっていた。

ただしアメリカは軍政から民政へと移行（1901年）させ、行政委員会による植民地行政によって、フィリピン全土に小学校を建設するなど、国民の教育に熱心に取り組んだ。さらに、原料資源の輸出と工業製品の輸入という典型的な植民地型経済構造に変形させるべく、鉄道や港湾、上下水道などのインフラの整備に、米国資本を投下した。

こうして、経済と貿易の米国依存とともに、フィリピンの社会システムの近代化が一気に進んでいくことになる。

日本からフィリピンへの移住が本格化するきっかけとなった「ベンゲット道路工事」が着工したのは、ちょうどその頃である。

ベンゲット道路は、マニラの暑さから逃れるべく、夏の間に首都機能をルソン島北部の山岳地帯、ベンゲット州バギオに移転しようという計画に基づいて、ルソン島中部のパンガシナン州ポソルビオとバギオを結ぶ大工事であった。

避暑機能だけでなく、ルソン島北部の金や銅などの鉱物開発や森林資源などへの期待も大きく、大勢のフィリピン人や中国人、アメリカ人労働者などが集められ、建設現場へと送り込まれていった。

岩盤を切り拓く難工事は雨季に入るとさらに過酷さを増し、地滑り事故だけでなく、赤痢やマ

図表01◉ 工期も工費も大幅に上回ったベンゲット道路の難工事には、
常時500人から1000人の日本人労働者が加わっていたという。

図表02◉ダバオの原生林を開墾する日本人入植者たち

ラリアなどの病のために次々と労働者の命が奪われていく〈**図表01**〉。

この難工事のために世界各国からかき集められた労働者の中に、多くの日本人労働者の姿もあった。

多くの犠牲を払いながら、ベンゲット道路工事は1905（明治38）年に一応の完成をみた。日本人労働者の中には、工事終了後もバギオ周辺に残り、大工などの職を得て働く人も少なくなかった。また、一路南へ向かい、ミンダナオ島へ入植する人たちもいた。

当時の米国は、資源が豊富ながら人口密度の低いミンダナオ島を「未開のフロンティア」と呼び、ルソン島やビサヤ諸島からの開拓移住を積極的に奨励していたのだ。そのような流れに乗ってミンダナオ島ダバオに入植した日本人たちは、原生林を開墾、アバカ麻栽培をスタートさせた〈**図表02**〉。

このアバカ麻栽培が大当たりした。

第一次世界大戦の勃発により船舶の舫（もや）い綱（ロープ）に使われる麻の価格が高騰したのである。アバカ麻栽培の好景気に沸くダバオに日本人移民が次から次へと入植、フィリピン最大の日本人社会が形成されていった。

日本人社会の芽生え

ベンゲット道路工事建設をきっかけに多くの日本人が移住したバギオには、太平洋戦争前には

1000人を超える日本人がいたといわれている。

入植当初はアメリカ人に雇われ、大工や製材労働者、石積み工として、ホテルや学校、橋梁の建設に関わっていたが、日本人が木造建築に慣れていたことや、設計図を読み取り建築物を形にしていく能力が評価されたことなどから、アメリカ人たちは好んで日本人を大工や測量技師、庭師などとして雇用するようになる。

多くの日本人移民たちが、マンションハウス（現在の夏の大統領官邸）、パインズホテル、市庁舎庭園、米軍保養施設キャンプ・ジョン・ヘイの円形劇場など、バギオの主要な建築工事に関わっていたのには、そうした経緯があった。

これらの仕事ぶりから、日本人はバギオ周辺で安定した仕事が得られるようになり、日本人と結婚する地元の女性たちも増えてきた。

バギオ市内の目抜き通りであるセッションロードに、日本人が経営する大規模な百貨店「ジャパニーズ・バザール」や、そこに併設された日本人の写真スタジオ、時計修理店、理髪店などが並ぶようになった**〈図表03〉**。

1920年代以降、日本人社会はバギオやベンゲットの経済活動において重要な地位を占めるようになる。日本人学校の生徒数はどんどん増加し、毎年開かれるバギオのカーニバルでは日本人会のパレードが注目を集めた。

39年当時、バギオの人口は2万4000人。そのうちアメリカ人は612人、中国人は

図表03◉バギオ市内のメインストリートであるセッションロードにはさまざまな日本人経営の店舗が並んでいた。

1114人、日本人は1064人、ヨーロッパ人143人。バギオ周辺に金山が発見されたことから、30年代にはゴールドラッシュが起き、鉱山の労働者や技術者として働く日本人も多くいた。当時のバギオは、さまざまな国籍の人たちがともに暮らす、にぎやかな国際都市であったことが想像できる。

41年に太平洋戦争が勃発し、すべてが崩壊するまでは。

フィリピン社会への定着と反発

一方、フィリピン最大の日本人社会が形成されたミンダナオ島ダバオ。アバカ麻の価格高騰に湧くダバオの在留日本人数は、1929年に1万人を突破した。当時は「麻山さえ持っていれば、寝ていても麻山はどんどん金を生んでくれる」という空前の麻景気だったという。日本語の日刊紙「日比新聞」も発刊、西本願寺や東本願寺、日本基督教会など、日本からのさまざまな宗教施設も建立された〈図表04〉。

もっとも移住者の多かった沖縄県人会をはじめ、各県の県人会も結成された。同郷の人とのつながりで入植し、入植後も同郷同士の固い結束を大切にし、日本的な伝統行事などを楽しみながら、ダバオの日本人社会は豊かに大きく成長していった〈図表05〉。

一方で、あまりに急激に膨らんだ日本人社会は、現地での軋轢を生むことにもなった。急増する日本人入植者への警戒感から、19年には「6割以上の株式をフィリピン人またはアメリカ人

図表04◉ バヤバス神社。
巨大な麻農園があったダバオ郊外バヤバスには、
日本式の神社がつくられた。

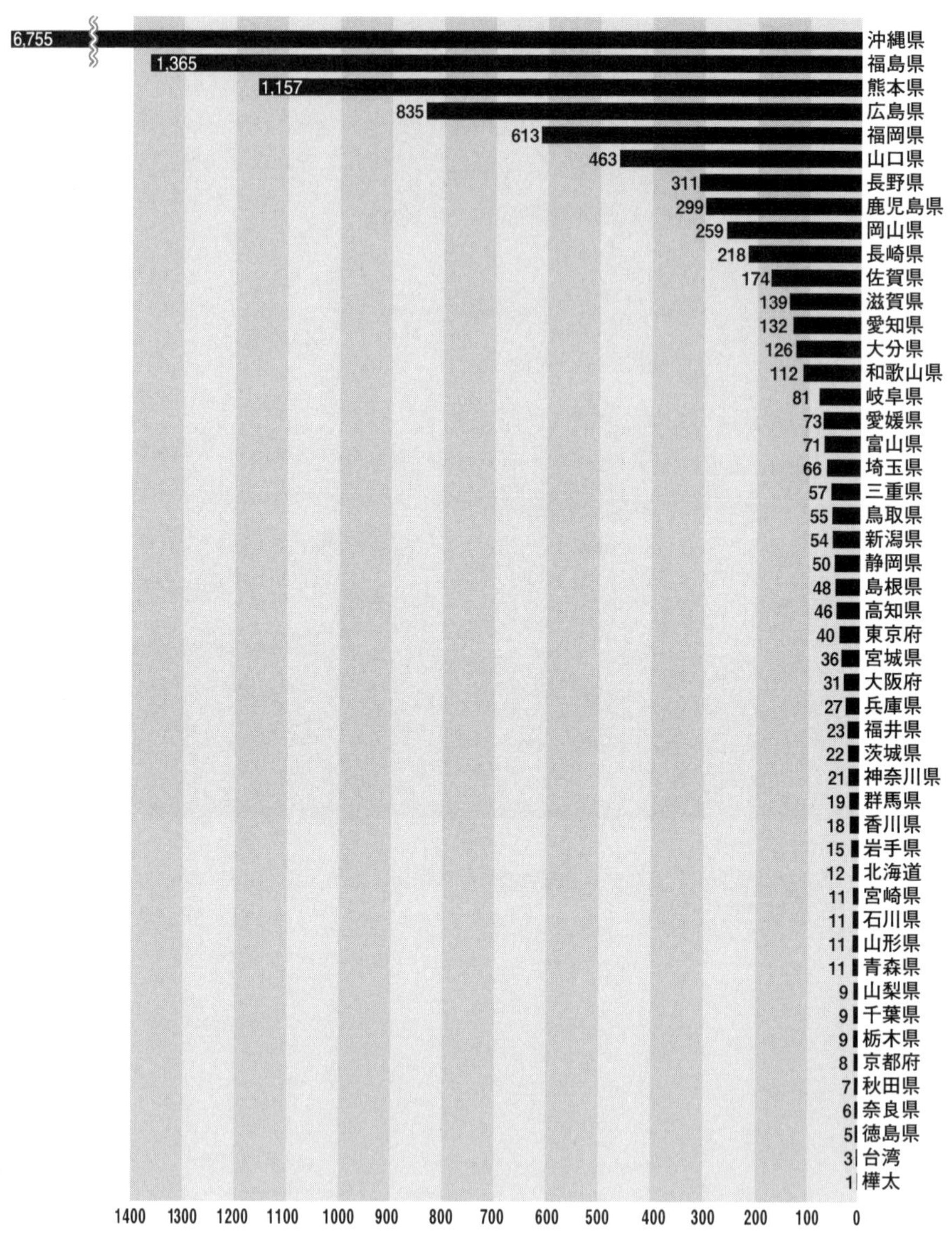

図表05◉1936年ダバオの出身県別在留者数（未成年含む）、（『ダバオ開拓史』750頁より作成）

が保有しない限り、その会社の土地の払い下げは認めない」という、日本人に不利な新土地法が制定されている。

そもそも、20世紀に入るまで、ミンダナオ島で暮らしていたのは、先祖代々その土地に住んでいたマギンダナオやバゴボといった先住民族だった。しかし、20世紀初頭にフィリピンの宗主国となったアメリカが、ミンダナオの豊富な資源に目をつけて「未開のフロンティア」への、農業移住を後押しする。これにより、キリスト教徒のフィリピン人が北部から大勢流入し、もともと住んでいた先住民族たちをマイノリティの立場へと追いやってしまうことになった。

日本人が勢力を拡大していく過程で、バゴボ族などによる日本人殺傷事件がたびたび起こるが、アメリカ資本だろうと日本資本だろうと、先住民族にしてみれば、それは土地の払い下げではなく収奪に思えたことだろう。

そのような現地の軋轢(あつれき)もありながら、しかし、地元の女性と結婚して土地を手に入れ、地元と良好な関係を築きながら平和で豊かな生活を謳歌していた日本人移民は多かった。彼らは骨を埋める覚悟をもって、そこでの暮らしを築き上げていたのだ。自分たちが「敵国民」となる日が近づいているとは、夢にも思わなかっただろう。

3万人の移民とその家族が迎えた戦争前夜

バギオやダバオといった一大日本人社会以外にも、フィリピン全土に日本人の移住者たちは散らばっていた。

セブ島やパラワン島などには、漁業を営む日本人が多く入植していたし、サトウキビ栽培が盛んだったネグロス島では製糖工場で働く日本人たちもいた。農業をしながらパンを焼いたり、鍛冶屋をやりながら大工をしたりと、いくつもの仕事をかけもちしていたという2世の証言をよく耳にした。

パナイ島辺りでしばしば耳にしたのが、キャンディー作りなどの自営業のかたわら、休日になると町の風景をスケッチしていた父が、日本軍上陸後はいきなり軍人になったという話である。日本軍から事前の情報収集などの任務を負わされていたのではないかと残留した家族たちは話していた。

太平洋戦争前夜、フィリピン全土に暮らす日本人移民の数は3万人に達していたと言われている。１９３９年のフィリピン国家統計によると、当時、フィリピン全体で８７４人のフィリピン人女性が日本人男性と結婚し、２３５８人の2世がいたとされている。国家統計の数字に表れてくるものは、行政への正式な届け出があったものに限られるため、地域の伝統的な習慣に基づいた婚姻や、ジャングルの奥地での婚姻なども含めると、実際にはこれよりはるかに多い国際結婚があり、もっと多くの2世たちがいたことは想像に難くない。

実際、ダバオにはいくつかの日本人学校が建てられたが、ディゴス日本人学校は、通う子どもの半数が、フィリピン人の母と日本人の父との間に生まれた2世だったと言われている。

彼らの多くは、太平洋戦争の勃発とともに、父の国と母の国の狭間で引き裂かれるような苦しみを味わうことになる。

第2節〈戦中編〉

日本軍に組み込まれた日本人社会

１９４１（昭和16）年12月、日本軍による真珠湾とマレー半島への奇襲攻撃により、太平洋戦争が勃発。当時アメリカの植民地だったフィリピンで、在留日本人たちはどのような気持ちでこのニュースを受け止めたのだろうか。

北米在住の日本人や日系人たちの中にも、居住地の立ち退きを命じられ、強制収容所に入れられた人たちが多くいるが、開戦直後のフィリピンでも、日本人移民は同様の試練に直面した。

各地の日本人とその家族は、フィリピン警察と米軍の手により強制収容所へ収容された。フィリピン最大の日本人社会があったダバオでも、女性や子どもを含むおよそ１万７０００人もの日本人が、小学校の校舎など市内外の施設に収容されている。

しかし12月20日、日本軍がミンダナオ島に上陸しダバオを占領すると、強制収容所の日本人たちは次々と解放された。

だが、この解放の直前、日本軍の上陸に混乱したフィリピン人兵士によって在留日本人が殺されるという痛ましい事件が起きてしまう。父親が斬殺されたと証言する残留2世もいた。日本人学校で皇民化教育を受けていた多くの2世たちは、父親とともに日本軍の上陸を喜んだ。父の国、日本から来た「兵隊さん」を、収容所の恐怖から救ってくれた「解放者」として迎え入れたのである。

解放後、収容中に日本人が殺されたことの報復として、日本人によるフィリピン人殺害などの事件が相次ぎ、日本人社会の治安は急速に悪化していく。それまで、土地取得などをめぐり多少の軋轢はありつつも、平和に共存していたフィリピン社会において、在留日本人が敵対する存在となってしまった瞬間だったと言えるだろう。

在留日本人たちは、本土の日本人と同じく国家総動員体制に組み込まれ、食糧確保や物資の供給などで、全面的に日本軍を支えていく。ダバオでは日本人移住者による自警団がいくつも結成され、日本軍と行動を共にした。反日的なフィリピン人の摘発にも積極的に協力、一方で、日本軍に協力的なフィリピン人には「良民票」を配るなどしたため、フィリピン社会には深い分断が生まれていった。

2世たちの中にも、軍用飛行場の建設などに駆り出され、あるいは日本軍の食糧調達や通訳として徴用された人たちは少なくない。さらに日本軍と深く結びつき、「敵性フィリピン人」とされた人たちの逮捕や処刑に関わった2世もいる。

一方で、少数ながら、抗日ゲリラ活動に身を投じた2世もいる。「2世たち」と言っても一枚岩ではいられず、2つの国の間で引き裂かれていった。

飛行場にされた麻山

1942年5月のミッドウェー海戦で惨敗した日本軍は、多くの餓死者と病死者を出したガダルカナル島から撤退。その後、サイパン、テニアン、グアム島で悲惨な戦闘が繰り広げられ、民間人も巻き込んだ玉砕(ぎょくさい)が相次いだ。

ニューギニア戦線やインパール作戦でも、食糧の補給路を断たれたまま前進を命じられた兵士たちは、多くが飢えや病気のために命を落とした。

物資不足に悩む日本軍は、ダバオに一大食糧補給基地としての役割を担わせた。1世たちが苦労して切り拓いた麻山は日本軍に供給するための野菜栽培用地に転用され、在留日本人たちは海軍直営の生産隊に組み込まれた。

ルソン島ラグナ州やブラカン州など、在留日本人たちが暮らすほかの地域でも同様に、食糧増産のための邦人組合が結成されていった。各地の日本人社会をあげて、日本軍の銃後を支えたのである。

戦局が厳しくなるにつれ、日本人社会に対する日本軍からの要請も厳しさを増していった。43年5月には、ダバオ在住の日本人は、女性や子どもまで全て「国家総力戦」に協力することが求められ、「さしあたり軍部が必要とするもの」として、麻縄や竹かごなどを各家庭で生産するようになる。

43年後半になると、さらに麻畑がつぶされ、飛行場建設が急ピッチで進められるようになった。2世たちからの「飛行場建設のために動員された。ひたすら石を運ばされた」「飛行場建設のボランティアをしていた父が過労で亡くなったので、自分が代わりに働くようになった。給料はもらえなかったけれど、コメやパン、干し魚などの配給をもらった」といった証言もある。

日本人会の「今や国家存亡の重大戦局下、全同胞挙げてこの意義ある勤労に邁進しよう」という呼びかけに応え、多くの1世や2世たちが弁当持参で早朝から夜遅くまでの労働奉仕に協力したようである。

日本軍の「兵力」とされた2世たち

いよいよ戦局が悪化した44年4月、現地徴兵猶予が撤廃された。現地徴兵検査が行われ、合格した日本人男性や一定の年齢に達していた2世たちは軍人軍属として徴用されていった。同年8月1日、現地の陸海軍当局は、ついに女性から子どもに到るまで、あらゆる在留日本人を軍属として取り扱う「超非常措置」を決定した。

【ダバオ新聞8月1日記事】〈図表06〉
一、ダバオ方面防衛並びに食糧自給体制強化促進を期するため、八月一日以後、在留邦人に

ダバオ新聞

昭和十九年八月一日

けふ在留同胞軍属となり軍に包含さる

陸大卒業式に親臨
大本營陸軍部にも行幸

聲涙下る訓示に感激たゞ誓へり

現地軍參謀長訓示要旨

日本人會を中核とし完勝に邁進せよ
けふ陸海最高指揮官より要望

陸軍最高指揮官
海軍最高指揮官

戰爭は恰も綱引きだ 皆同じ方向に頑張れ
諄々と説く 現地海軍最高指揮官

疎開は一日も早く
山の増産を助長し 空襲の惨禍を防ぐ

英の心臓を抉る
流星彈總攻撃開始

敵十個師粉碎
衡陽、我出血作戰續く

印回妥協、ジンナー演説

日常の戰ひ

図表06◉ダバオ新聞8月1日記事

して軍関係に従事する者は総員これを軍属とす。
一、凡そ働き得る総ての男子は原則として防衛施設作業に従事し、食糧自活は差し当たり老人、国民学校児童、婦女子をもって充当し、恒久的食糧対策は別途樹立す。
一、在留日本人各員は日本人会を中核とし、速やかに総力体制を完備し、団結を固く凡百の困難を克服完勝に邁進せんことを望む。

この「児童」「男子」「婦女子」には、当然ながら日本人の父を持つ2世の子どもたちも含まれていた。

続く8月21日には、現地の陸軍当局から「在留同胞に告ぐ」とした非常事態宣言が伝えられた。「絶対国防圏の拠点を同胞と共に死守せん」との見出しがつけられた要望は、次のような内容であった。

【ダバオ新聞8月21日記事】〈図表07〉

皇国の隆替を決する未曽有の非常時に処する覚悟を促しもって総力の発揮に遺憾なきを期せよ

諸君は既に老若男女を問わず決しもって殉皇の大義に徹し、一切の自我を棄て、万物を挙げて軍の戦力に寄与せんことを決心しあるべし

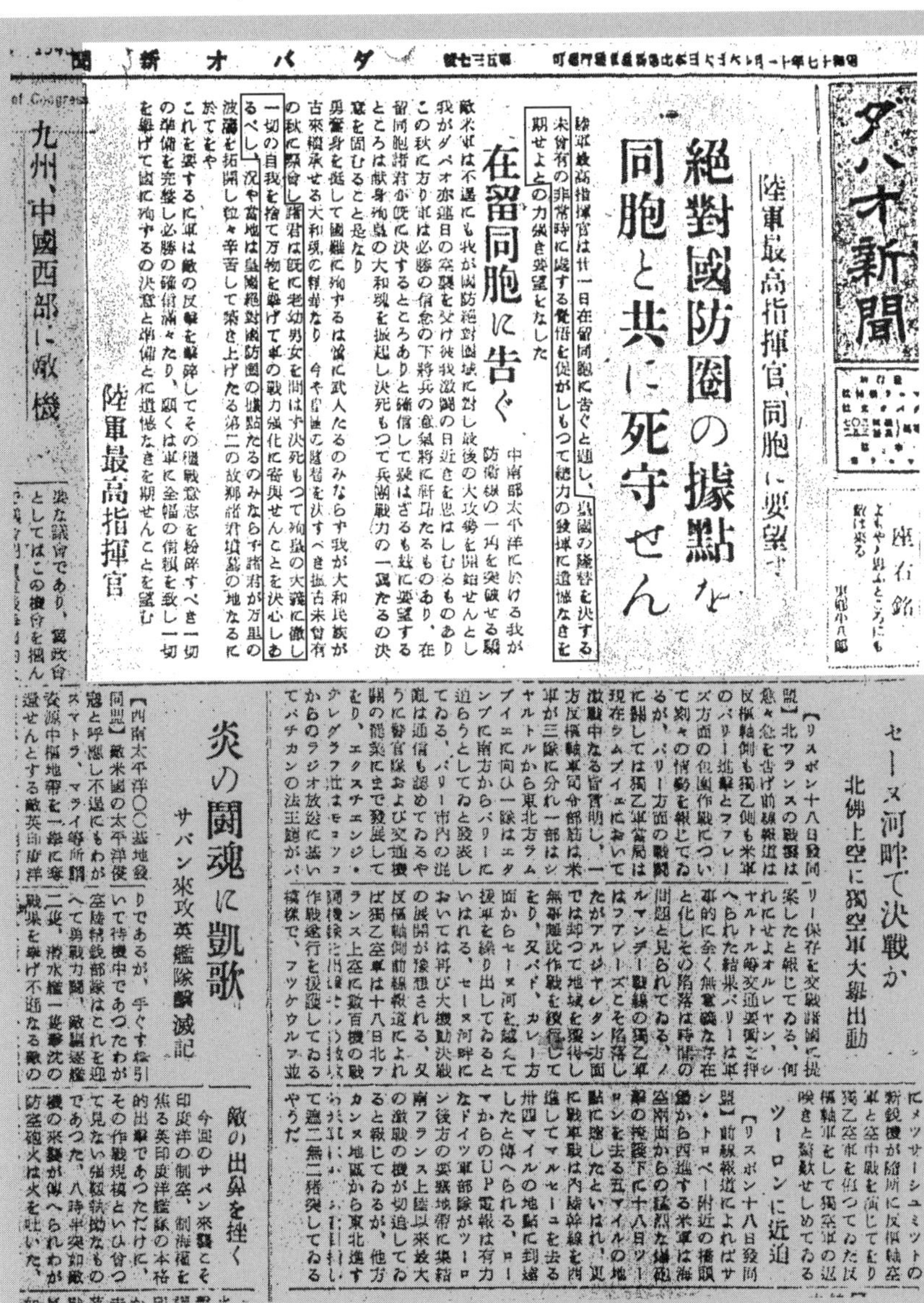

第五三七號　ダバオ新聞

陸軍最高指揮官、同胞に要望す

絶對國防圏の據點な同胞と共に死守せん

陸軍最高指揮官は廿一日在留同胞に告ぐと題し、皇國の隆替を決する未曾有の非常時に處する覺悟を促がしもつて總力の發揮に遺憾なきを期せよとの力強き要望をなした

在留同胞に告ぐ

中南部太平洋に於ける我が防衛線の一角を突破せる驕敵米軍は不遜にも我が國防絶對圏域に對し最後の大攻勢を開始せんとし我がダバオ亦連日の空襲を受け彼我激闘の日近きを思はしむるものあり この秋に方り軍は必勝の信念の下將兵の意氣將に衝天たるものあり、在留同胞諸君が既に決するところありと確信して疑はざるも玆に要望するところは獻身殉皇の大和魂を振起し決死もつて兵團戰力の一翼たるの決意を固むること是なり

勇奮身を挺して國難に殉ずるは當に武人たるのみならず我が大和民族が古來繼承せる大和魂の精華なり 今や皇國の隆替を決すべき振古未曾有の秋に際會し諸君は既に老幼男女を問はず決死もつて殉皇の大義に徹し一切の自我を捨て万物を擧げて軍の戰力強化に寄與せんことを決心しあるべし、況や當地は皇國絶對國防圏の據點たるのみならず諸君が万里の波濤を拓開し營々辛苦して築き上げたる第二の故郷諸君墳墓の地なるに於てをや

これを要するに軍は敵の反撃を粉碎してその繼戰意志を粉碎すべき一切の準備を完整し必勝の確信滿々たり、願くは軍に全幅の信頼を致し一切を擧げて國に殉ずるの決意と準備とに遺憾なきを期せんことを望む

陸軍最高指揮官

九州、中國西部に敵機

決な誠意であり、……政府としてはこの機會を掴ん

セーヌ河畔で決戰か
北佛上空に獨空軍大擧出動

【リスボン十八日發同盟】北フランスの戰鬪は愈々危を告げ前線報道は反樞軸側も獨乙側も米軍のパリー進撃とファレーズ方面の包圍作戰について刻々の情勢を報じてゐるが、パリー方面の戰鬪に關しては獨乙軍當局は現在ランブイエにおいて激戰中なる旨言明し、一方反樞軸軍司令部筋は米軍が三隊に分れ一部はシャルトルから東北方ランブイエに向ひ一隊はエタンプに南方からパリーに迫らうとしてゐると發表してゐる、パリー市内の混亂は通信も認めてゐるやうに警官隊および交通機關の罷業にまで發展しており、エクスチェンジ・テレグラフ社はモロッコからのラジオ放送に基いてバチカンの法王廳がパリー保存を交戰諸國に提案したと報じてゐる、何れにせよオルレアン、シャルトル等交通要衝を押へられた結果パリーは軍事的に全く無意義な存在と化しその陥落は時間の問題と見られてゐる、ノルマンデー戰線の獨乙軍はファレーズこそ陥落したがアルジャンタン方面では却つて地域を擴張して無事離脱作戰を敢行しており、又パド、カレー方面からセーヌ河を越えて援軍を繰り出してゐるといはれる、セーヌ河畔においては再び大機動決戰の展開が豫想される、又反樞軸側前線報道によれば獨乙空軍は十八日北フランス上空に數百機の戰鬪機……作戰遂行を援護してゐる模樣で、フッケウルフ並にメッサーシュミットの新鋭機が隨所に反樞軸空軍と空中戰を演じており獨乙空軍を侮つてゐた反樞軸軍をして獨空軍の逆襲と奮戰せしめてゐる

ツーロンに近迫

【リスボン十八日發同盟】前線報道によればサン・トロペー附近の橋頭堡から西進する米軍は海岸方面からの猛烈な艦砲射撃の掩護下に十八日ツーロンを去る五マイルの地點に達したといはれ、又更に戰車隊は內陸幹線を西進してマルセーユを去る卅四マイルの地點に到達したと傳へられる、ローマからのUP電報は有力なドイツ軍部隊がツーロン後方の要塞地帶に集結しながら南フランス上陸以來最大の激戰の機が切迫してゐると報じてゐるが、他方カンヌ地區から東北進する……て遮二無二猛突してゐるやうだ

炎の闘魂に凱歌
サバン來攻英艦隊撃滅記

【西南太平洋〇〇基地發同盟】敵米國の太平洋侵寇と呼應し不遜にもわがスマトラ、マライ等所謂資源中樞地帶を一擧に奪還せんとする敵英印度洋……りであるが、手ぐすね引いて待機中であつたわが空陸精鋭部隊はこれを迎へて勇戰力闘、敵艦隊艦二隻、潜水艦一隻撃沈の戰果を擧げ不遜なる敵の……

敵の出鼻を挫く

今回のサバン來襲こそ印度洋の制空、制海權を焦る英印度洋艦隊の本格的出撃であつただけに、その作戰規模といひ曾つて見ない強烈執拗なものであつた、八時半突如敵機の來襲が傳へられわが防空砲火は火を吐いた、

図表07◉ダバオ新聞8月21日記事

まさしく文字通り「一億総火の玉」という悲壮な一体感が求められ、2世たちも否応なく巻き込まれていったのだった。

苦しい選択を迫られた2世たち

国と国が戦争を始めると、国と国の狭間で生きている人たちは衝突の最前線で苦しむことになる。フィリピンの日本人社会の辿った運命が、そのことを明確に示している。

父の国、日本に忠誠を誓った2世もいれば、母の国、フィリピンへの愛着を大切にしたいと思う2世もいた。しかし、どちらの立場に立ったとしても、どちらの側からも常に「疑い」の目を向けられるのが2世たちだった。

山口出身の大工、寺岡宗雄さんとフィリピン人母アントニナさんの間に三男として生まれた寺岡カルロスさんには、2人の兄がいた。長男のビクターさん（日本名・マサル）はバギオで憲兵の通訳として働き、次男のシクストさん（日本名・石志人）も、日本の関連会社で働いていた。しかし、シクストさんはフィリピン人ゲリラによって殺害され、一方のビクターさんは、米国製のタバコを持っていたというだけでスパイ容疑をかけられて、憲兵隊本部で銃殺されてしまった。

常にどちらの側からも疑われ、命の危険にさらされていた2世たち。

父の国と母の国、どちらの側に立つのか。若くして苦しい選択を迫られた2世たちの判断は、第2章で見たとおりひとりひとり異なる。

ベンゲット道路工事の労働者としてフィリピンに移住した、福岡県出身の渕上万兵衛さんの子どもたちの生き様が、彼らの当時の苦しみを私たちに伝えてくれる。

建設工事終了後もフィリピンにとどまり、ベンゲット州ブッコルという町で木材伐採のビジネスを始めた渕上さん。地元のイバロイ族の女性と結婚し、7人の子どもに恵まれた。

日本軍がバギオを占領してからは、渕上さんの子どもたちはそれぞれ異なる道を歩んでいった。四男のジョセフさん、五男トマスさんは、日本軍の物資を運搬する日系企業で働き始めた。三男のアルバートさんは地元の会社で運転手として働いていたが、日本軍により、ほかのフィリピン人捕虜とともにミンダナオ島へ送られ麻農園で強制労働に従事させられた。二男のヒョウジさんは、日本軍の侵攻に抵抗し、抗日ゲリラとして生きる道を選んだ。

末っ子で次女のジーンさんは日本人学校に通っていたが、戦局が激しくなると学業を中断、母の実家に身を寄せた。1944年8月、当時12歳だったジーンさんは、日本軍に水牛を盗まれたという近所のフィリピン人からの相談を受け、日本軍に「返してあげて」と頼みに行くが、日本兵たちはジーンさんをその場で殺害してしまった。

日本軍にとっては「フィリピン人」であり、フィリピンゲリラにとっては「日本人」、これが当時の2世たちが置かれた状況だった。その中で、自分はどこに立ち、どう生きていくかという選択を迫られていく。ジーンさん殺害後まもなく、ジョセフさんは日系企業での仕事をやめ、抗日ゲリラに協力する道を選んだという。

聞き取り調査の時、すでに渕上さんの子どもは全員亡くなっていたが、ジョセフさんの長男、

3世であるウォルターさんはこう言っていた。

「理屈じゃなかったんだろう。とにかく安全と思われる方を選ぶしかなかった。自分の身を守るために必死だったと父は話していたよ」

地獄の敗走を強いられた日本人たち

1944年10月17日、「アイ・シャル・リターン（私はきっと戻ってくる）」の言葉通り、マッカーサー司令官率いる大艦隊がフィリピン・レイテ湾に出現。同月20日、激しい艦砲射撃を浴びせながら、10万人という大部隊がレイテ島東岸の各地から次々と上陸した。

その数日前に、日本海軍航空隊が台湾沖航空戦でアメリカの機動部隊空母11隻を撃沈したという大本営発表の〝ニュース〟を聞いて戦勝気分に沸いていたレイテ島の守備部隊は、目の前に現れた米軍の大艦隊に目を疑ったという。

兵力の差は圧倒的だった。巨大兵器の前に吹き飛ばされ、山中に逃げ込めばゲリラ兵たちの攻撃にさらされ、日本軍はあっという間に壊滅状態に陥った。

山中に散り散りになった敗残兵たちの悲惨な運命は、大岡昇平さんの小説『野火』を映画化した塚本晋也監督の同名映画でご覧になった方もいるだろう。

レイテ島を制圧したアメリカ軍は45年1月にはリンガエン湾からルソン島に上陸、2月には、9万人ものマニラ市民を犠牲にした大規模な市街戦がマニラで繰り広げられ、日本軍は敗走する。

3月にルソン島を攻略したアメリカ軍は、4月からミンダナオ島上陸を開始した。北はカガヤンデオロ、南はコタバトから上陸しダバオへと侵攻。ダバオの日本人社会は大混乱に陥った。4月29日、陸軍第百師団は在留民間人に「タモガンの山中へ避難せよ」と命じる。そして、タモガン奥地のジャングルに、陸軍部隊と在留日本人が一斉に逃げ込んだ。その数3万人以上。ここから地獄のような敗走が始まる。

日本の敗戦とフィリピン社会の傷

敗走していく日本兵と民間人をジャングルで待ち受けていたのは、米軍の空爆やフィリピンゲリラからの攻撃だけではなかった。最大の敵は飢えだった。日本兵から銃を突きつけられ、わずかな食糧を奪われるという在留日本人は少なくなかった。沖縄戦と同様の事態がここでも繰り広げられた。

行く先々で芋は掘り返され、食べられる野草はとりつくされていた。もはや、自分の身を守るのは自分しかいなかった。

ダバオ地区の戦死者の数を見ると、軍人に比べて、突出して在留邦人の死者の割合が多いことがわかるだろう〈**図表◉08**〉。

一市民が地上戦を生き抜かなければならなかった過酷さがどれほどのものだったのか。4人に1人が亡くなったといわれる沖縄戦も、それを今の私たちに伝えてくれている。そして、日

	戦争参加者	戦死者	戦死率
陸軍	18,742人	12,111人	64.6%
海軍	5,461人	3,446人	63.1%
民間人	5,027人	4,626人	92.0%

図表08◉　ダバオ地区戦争参加者
（厚生省1968年調査より）

本人の倍以上の戦死者を出したフィリピン市民もまた、想像を絶する過酷な戦場に巻き込まれた犠牲者だったのだ。

8月15日、終戦。山の奥深くに逃げ込んでいた日本兵や在留日本人たちに敗戦の知らせが届くまでには、時間がかかった。その過程で、敗戦を信じない小野田少尉のような残留兵が出るが、多くの日本人は地獄のような逃避行にようやく終止符を打ち、よろよろと山を降りて行った。その道中でもまた、多くの人が病や飢えに倒れ、命を落とした。

かろうじて生き延びた在留日本人たちは、山を降りて町に姿を現した。そして、かつてはよき隣人であったはずのフィリピン市民たちとの関係が一変していることを、改めて思い知らされることになる。

山中に逃れた「ハポン」

「人殺し！」「ハポン！」

山を降りてきた日本人たちを待ち受けていた、フィリピン人たちの憎悪の目。石が投げつけられることもしばしばで、襲いかかってくるフィリピン人からアメリカ兵が守らなければならないほどだった。

食糧を収奪され、住居を破壊され、肉親をレイプされ、あるいは殺された人たちの強い怒りと憎しみは、生き延びた日本人たちに向けられた。もちろん、日本人の子どもである2世たちに向けられたまなざしも同様だった。

投降した日本人は民間人も米軍の収容所に入れられた。米軍はフィリピン各地に19カ所の収容所を設置、12万人近い日本人が収容された。

収容所に入れられた日本人たちは、収容所から「無罪証明書」が発行された人に限って、アメリカ軍の船に乗って日本へ引き揚げることが許された。

「無罪証明書」が発行されない人、つまり、戦時下に犯した何らかの罪によって戦犯の責任を問われることになった人たちは2万人にのぼるといわれているが、その中には、軍と行動を共にした2世たちもいた。

ちなみに、収容所における処遇は明文化されたものはないが、おおよそ次のような基準があったようだ。

1　日本人移民および日本人を両親とする子どもたちは全員強制送還

2　フィリピン人を母とする15歳以上の男子は父親とともに強制送還

3　フィリピン人を母とする15歳以上の女子は、日本に行くこともフィリピンに残ることも可能

4　フィリピン人を母とする15歳未満の子は全員フィリピンに残る（日本人父が連れて帰る場合は別）

このような目安があったようだが、実際には各収容所で徹底されたルールなどは存在せず、残留か送還かの判断はバラバラだったようだ。実際、終戦時の彼らの状況は、実にさまざまだった。山中で日本軍と行動を共にし、父親と一緒に収容所に入ったという2世も稀にいるが、多くの場合、父は軍に徴用されて戦時中は離れ離れになっていた。子どもだけで収容所に入ったという2世もいるが、そう多くはない。

2世の多くは、早い段階からフィリピン人の母方の親戚とともに山に避難し、ひっそりと敗戦を迎えている。戦前や戦中に父を失った2世たちもまた、フィリピン人の母親とその家族のところに身を寄せ、収容所に入ることなく混乱期を過ごした人が少なくない。

日本軍に徴用され、日本軍と行動を共にした2世のなかには、ともに収容所に入った人もいれ

ば、投降する日本軍を見送り、自分は山中に隠れたという人もいる。

取り残された2世たち

しかし、厚生労働省が主張しているような「自己の意思で残留した」と言えるような主体的な選択の余地が当時あったのかどうか、ぜひ想像していただきたい。

フィリピンで生まれ、フィリピンで育った2世たちは、日本人として生まれ、日本人として育てられた。とはいえ、父親と生き別れた戦後の混乱期に、見たこともない日本に帰るという選択を果たして下せただろうか。日本に帰ることを決意したとして、果たしてどこに帰ればよかったのか。

山中に隠れ住んでいた2世たちの多くは、迫害を恐れ、多くが日本人である証拠を焼き捨てたり埋めたりしていた。父の故郷の住所をそらんじて記憶していた2世がどれほどいただろうか。実際に、父の故郷がどこなのかわからずに強制送還された山田賢太郎さん（82ページ参照）の証言が、その苦労の顛末を示している。

その上、15歳以下の2世については、父親と離れ離れになっている以上、強制送還されるという選択肢がそもそも存在していなかったという可能性もある。

こうして、父親たちが築き上げた豊かな日本人社会は跡形もなく崩壊し、日米の激しい戦闘によって焦土と化し、激しい反日感情が渦巻くフィリピン社会に、多くの2世たちが取り残されたのだった。

第3節 〈戦後編〉

憎悪から逃れるための選択

すさまじい地上戦が繰り広げられ、荒廃したフィリピンの戦後において、貧困の中で苦しい生活を余儀なくされたのは残留日本人に限ったことではなく、多くのフィリピン人たちも同様の状況だった。

しかし、残留2世たちの一番の問題は、侵略者となり破壊者となってしまった日本に対するフィリピン人たちの怒りをまともに受け止めるという重荷を背負わされたことだった。

土地や財産はフィリピン政府に没収された。日本軍と行動を共にしていた2世に対する怒りはことさら凄まじく、フィリピン人の手で無法に銃殺されるという事件も相次いだ。

足の上に物を落とされて、思わず日本語で「痛い！」と言ってしまうと容赦なく殺されたという。あるいは、自分の母親はフィリピン人であることを必死に訴え、命拾いをした2世もいた。日本語を封印し、日本人の父親につながる証拠は焼き捨て、フィリピン社会で息を潜めるように生きてきた残留2世たちの厳しい戦後が始まった。

2世の女性たちの中には、若くしてフィリピン人や中国人と結婚することで生活の安定と安全を手にいれた人たちも少なくない。あるは、幼い2世を抱えた1世の妻がフィリピン人男性と再婚するということも多くあった。

幼くして父親と離別し、父親の記憶のない2世たちの中には、母親の再婚相手であるフィリピン人男性を実の父親だと思い込んで大きくなった人もいる。

これは、幼児期に中国人の養父母に引き取られた中国残留孤児の状況と似ている。自分が中国人であると信じて中国社会で生きてきたが、時折「小日本鬼子！（ケチな日本人の人でなしめ！）」と囃し立てられるなどして不思議に思い、養父母に問いただした結果、実は日本人の子どもであるという事実を告げられたという中国残留孤児は少なくない。

フィリピン残留2世たちも同様に、自分の出自を知って初めて、周囲の反応の違和感の理由を知ったという人が少なからずいる。

その後の歩みはひとりひとりそれぞれに異なっているが、ほとんどの残留者に共通しているのは、フィリピン人として生きることで、自分たちの命と生活を守ってきたということだ。

2世たち自身の婚姻証明書を見ると、父親欄に日本人の父の名前を記入し、国籍を「日本」としているものは稀で、母方の祖父の名前や、母の再婚相手の名前、あるいは日本人父のフィリピンでの洗礼名などを父親欄に記入しており、父の国籍も「フィリピン」としているものがほとんどである。

自分の日本の身元につながる情報は、長い間、伏せられ、その口は閉ざされていた。

１９７０年代に入り、そうした状況に変化の兆しが見えてきた。日比の国交が正常化したのが56年、戦後賠償の協定が成立、さらに60年代に向けて円借款などによる経済開発協力が進み、それに比例するように、フィリピン社会に渦巻いていた反日感情も徐々に薄らいできた。

それに伴い、残留2世がカミングアウトし、残留者同士でつながる動きが出始めてきたのだ。

日本人社会の「再結集」

カトリックの修道女である海野常世（うんのとこよ）さん（以下、シスター海野）を抜きに、バギオ日系人社会の戦後を語れない。

１９７2年にフィリピンへ渡ったシスター海野は、差別を恐れて隠れ住む残留2世たちの存在を知り、バギオの山々を歩いて2世たちを訪ね始めた。彼女の呼びかけに応えるように徐々に2世たちが名乗り出始めた。そして、バラバラに崩壊した日本人社会の歴史を教訓に、日系人たちによる日系人のための互助組織が必要であるという考えに基づき、「北ルソン比日友好協会」が設立されるに至った。

フィリピン最大の日本人社会があったダバオでも、似たような動きが起きて、60年代末には「2世会」が発足する。当時、戦後引き揚げた日本人たちが、慰霊や遺骨の収集などでたびたびダバオを訪れるようになり、残留した2世との再会を果たすようになる。彼らとの交流がきっかけとなり、徐々に残留者同士のネットワークが繋がっていったのだった。

80年、「フィリピン日系人会（PNJK）」がダバオに誕生した。PNJKはディゴスやカリナンなど各地に支部を広げ、その会員はどんどん増え、フィリピン最大の日系人会となった。学校運営や、環境や保健福祉のための働きなど、さまざまな活動を通じて、PNJKは地域にその存在感を増していった。

もはや、フィリピン社会の片隅で沈黙している必要はない。日本人であることに後ろめたさを抱かねばならない時代は終わった。そのように、多くの2世が感じていたことだろう。

実際に、マニラ、セブ、バコロド、コタバトと、各地で日系人会が次々に組織されていった。あるいは、日本軍とともに敗走していた残留日本人たちが集団自決を強いられたイロイロでは、生き残った孤児たちによる「日本人孤児会」が発足していた。

日本は経済成長を続け、国際社会でのプレゼンスも増していった。それとともに、「日本人」であるということが背負うべき重荷ではなく、誇るべきアイデンティティとなっていったのだった。

「私は日本人です」

次々と残留者たちが声をあげ始めていた。90年には日本の入国管理法が改正され、日系人（日本人の子どもと孫）は活動の制限のない在留資格（事実上の労働ビザ）が得られるようになったこともあり、フィリピンの日系人社会にもさらなるエネルギーが生まれていた。

しかし、これまで長らく隠してきた日本人としてのルーツを、いざ明らかにして自分が日本人であることを証明したいと願っても、すでに手元に証拠はなく、日本人の父を知る人たちは他界している。父に関するおぼろげな記憶から、父の本籍地を割り出すことは、戦後数十年を経たフィリピンの残留2世たちには困難なことだった。

声をあげはじめた「ハポン」

1992年、全国各地の日系人会代表がダバオに集まり、フィリピン日系人大会を開催した。身元未判明者らの多い現状とともに残留者全体の窮状を訴え、日本政府に特別の配慮を求める決議文が署名され、翌日には日系人会を横断的につなぐ「フィリピン日系人会連合会」が結成された。日本人社会がバラバラに崩壊してから半世紀近くを経て、残留者たちは結集し、声をあげたのである。

日本軍政を支えて崩壊した日本人社会の末裔たちを、最後の1人まで救済してほしい。身元未判明の残留者も日本人として受け入れてほしい。フィリピン日系人社会の悲願だった。

しかし、結論から言うと、それから30年近くが経過したが、この間、外務省による現地調査は継続されているものの、残留者の国籍回復のために日本政府が本腰を入れて取り組んだということはなく、我々フィリピン日系人リーガルサポートセンター（PNLSC）と弁護団、日系人会の協働による就籍申し立てや戸籍への記載申し出などによって、国籍回復を1件1件実現させるしかない状況が続いている。

しかし、市民団体による手弁当の取り組みには限界があり、どんなにフル回転しても就籍の申し立ては年間20件が限界だ。また、就籍のために必要な諸々の書類が整えられずに無念のまま他界していく2世が年々増加している。

国籍回復を待ち望んでいる2世は、２０２０年3月現在でおよそ９１０名。前年から１５９名が減少した。

１９８０年代から２０００年代にかけて中国残留孤児１２５０名の就籍をやり遂げた河合弘之弁護士が繰り返し主張している通り、戦後75年放置されてきたフィリピン残留日本人に関しては、問題が解決する前に、当事者全てが他界し、問題が消滅してしまう危機に瀕している。

では、具体的にどのような作業が必要となり、どのような限界に直面しているのか、少しテクニカルな話になるが、具体的なプロセスについて説明していきたい。

なにが「壁」となっているのか

激しい地上戦にみまわれたフィリピンでは、市役所や教会なども被害にあい、多くの証書類が焼失していた。あるいは、長い年月を経て、シロアリなどの被害や火災、水害などによって、さらに多くの書類が失われていた。

大工をしていた、漁師だった、といったわずかな情報。おぼろげに記憶している父の名前、「シロカ」「トシミッツァン」「ユディチ」。記憶の中の名前は、伝言ゲームのようなもので、いつのまにか発音が変化していたりする。「キヤマ・ハタ」という父だと信じ、自分の苗字を「キヤマ」と名乗っていた2世の父が、実は「畠山（はたけやま）」という苗字だったことが判明したこともある。あるいは「セロカ　カミオ」と記憶していた父の名が「ツルオカ　カメオ」であったり「シナイスシナバル」が「スナイチ　ヒラハラ」だったこともある。「ユディチ」は「フデイチ」だった。「ツ」の発音は苦手であることや、「ハ行」では「H」を発音しないことが多いスペイン語由来の特徴など、こちらも様々なイマジネーションを巡らせていくことが必要になる。そのための手がかりとして、どのような断片であっても、フィリピンであらゆる情報を丁寧にすくい上げることが必要となるのだ。

そこで、フィリピンの日系人会を拠点として、以下のような作業が進められた。

(1) 当事者の証言を記録する。
(2) 当事者が持っている証拠類を調べる（父の写真、親族からの手紙など）。
(3) 証言に基づいて、教会に洗礼や婚姻の記録が残っていないかを調べる。
(4) マニラの国立公文書館に、出生や婚姻の記録が残っていないか調べる。
(5) 何も残っていない場合は、1世を知る人の宣誓供述書に基づき、1世の婚姻契約書及び2世の出生証明書を遅延登録する。

この遅延登録というのは、なんらかの理由で登録した証書が消失したり、あるいは当時届出ができなかった人たちが、あとから出生や婚姻、死亡といった身分関係を登録するためのフィリピン人にも適用される一般的な制度である。

少数民族などのマイノリティは、もともと身分関係を役所に登録するという習慣を持っていない。戦争による焼失、洪水やシロアリ被害などによる消失のほか、そうした社会的ニーズに応えるための制度で、2名の共同宣誓供述書などによって事実が確認された場合に遅延登録が認められる、れっきとした公的文書だ。

しかし、当事者が多く生存していた戦後まもなくであればいざしらず、戦後何十年も経ってからの遅延登録に苦戦している残留者は少なくない。共同宣誓供述書を作成しようにも、当時の詳細な情報を記憶している人たちが年々少なくなっているからだ。

いずれにしても、フィリピン側では、資料を探しつつ、一方で遅延登録という方法で両親の婚姻や本人の出生の証明書作成を進めていかなければならない。日本の家裁で就籍の申し立てを行うためには、1世の婚姻や2世の出生の事実がなんらかの形でフィリピンで登録されていることが前提条件として必要だからだ。

「父」を特定するための作業

それと同時並行で、日本側でも、集めた情報を頼りに日本の父の身元を捜す作業が進められていく。父親の身元捜しのために、私たちが主に活用しているのは以下の情報である。

1　外務省の外交史料館に残されている「旅券下付表」
2　アメリカの国立公文書館に保管されている「俘虜（捕虜）銘々票」（強制送還名簿）
3　末日聖徒イエス・キリスト教会（モルモン教会）の「ファミリーサーチ」
4　厚生労働省の「軍歴関係名簿」との照合

日本人の父親が移民としてフィリピンに渡航した場合、父親は渡航前に日本で旅券の交付を受けているはずである。外務省の外交史料館（東京・麻布台）には、戦前の旅券発行記録の名簿が保管されている。これが「旅券下付表」である〈図表◉09・10〉。

この下付表には、本籍地の情報とともに渡航先や渡航目的などが記載されている。おぼろげに記憶している名前から類推される氏名や、年齢、渡航時期などの情報を照らし合わせて、それらしき人物を絞り込んでいくのである。実際、この名簿から身元判明につながった残留者は少なくない。外交史料館へと足を運び、マイクロフィルムにおさめられた旅券下付表の情報と照合させていくのだ。

もうひとつ、父が生きて強制送還されたという情報がある場合に使えるのが、アメリカのメリーランド州にある国立公文書館所蔵の「俘虜銘々票」（強制送還名簿）である〈図表◉11・12〉。フィリピン全土の収容所に収容された日本人たちは、米軍によって日本へ強制送還されたが、この際

図表09◉
旅券下付表
表紙

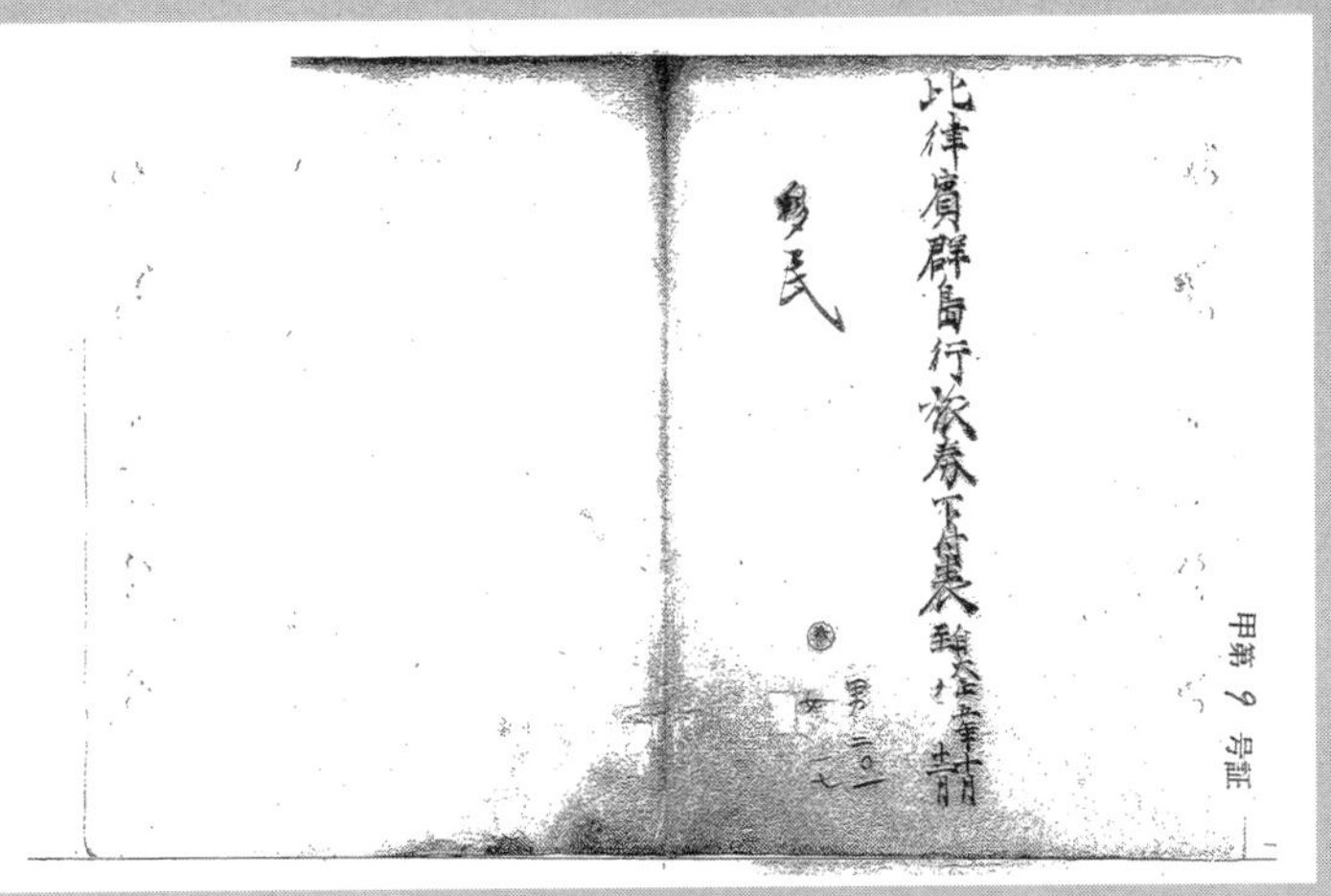

比律賓群島行旅券下付表
移民
甲第9号証

図表10◉
旅券下付表

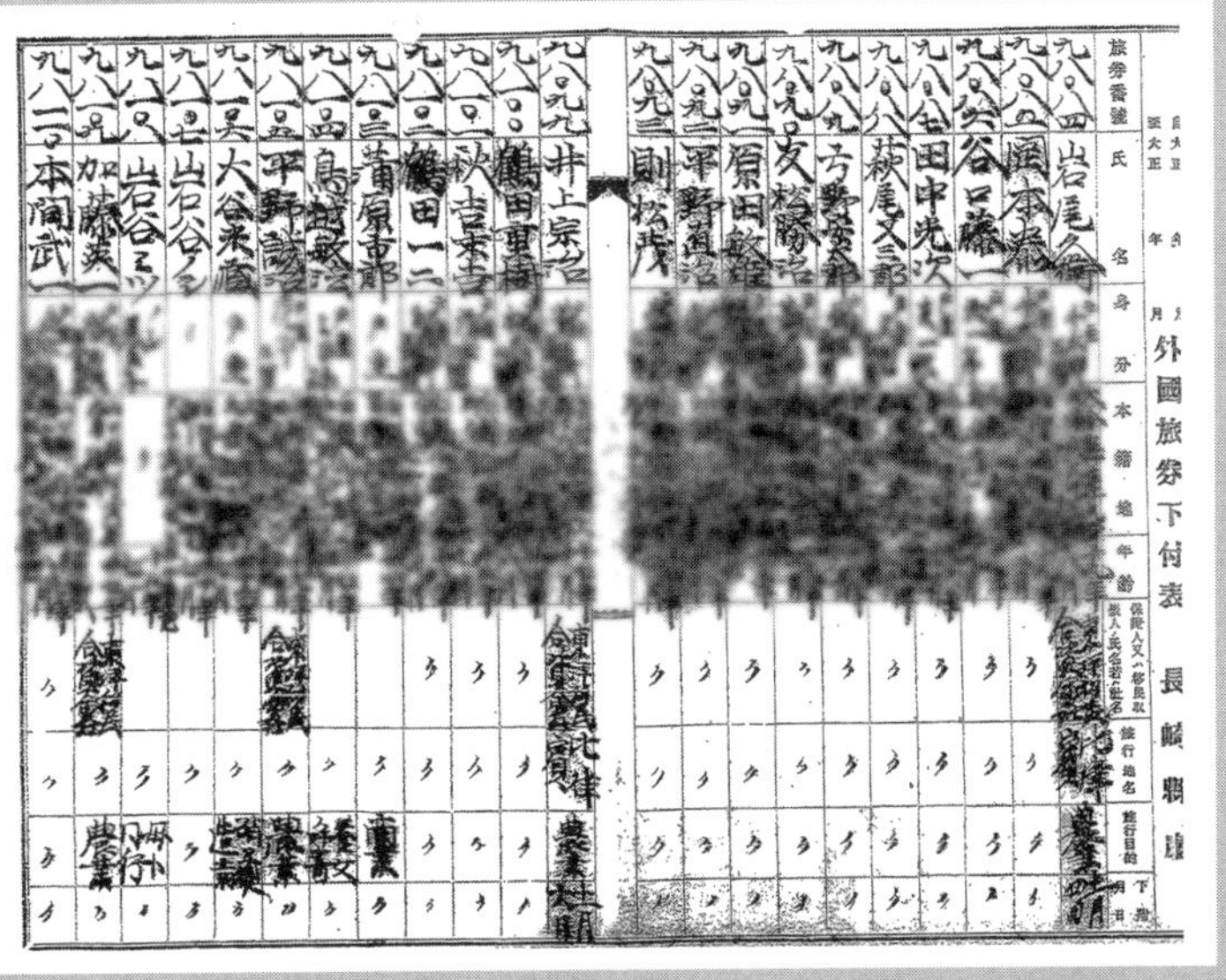

外國旅券下付表 長崎縣廳

旅券下付表は外交史料館のマイクロフィルムに保管されている。

写真は大正5年10月から12月までにフィリピンに渡航するために長崎において旅券を取得した人たちの下付表の一部である。

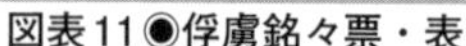
図表11◉俘虜銘々票・表

銘々票の表には本人の名前や身体的特徴などが記入されている。

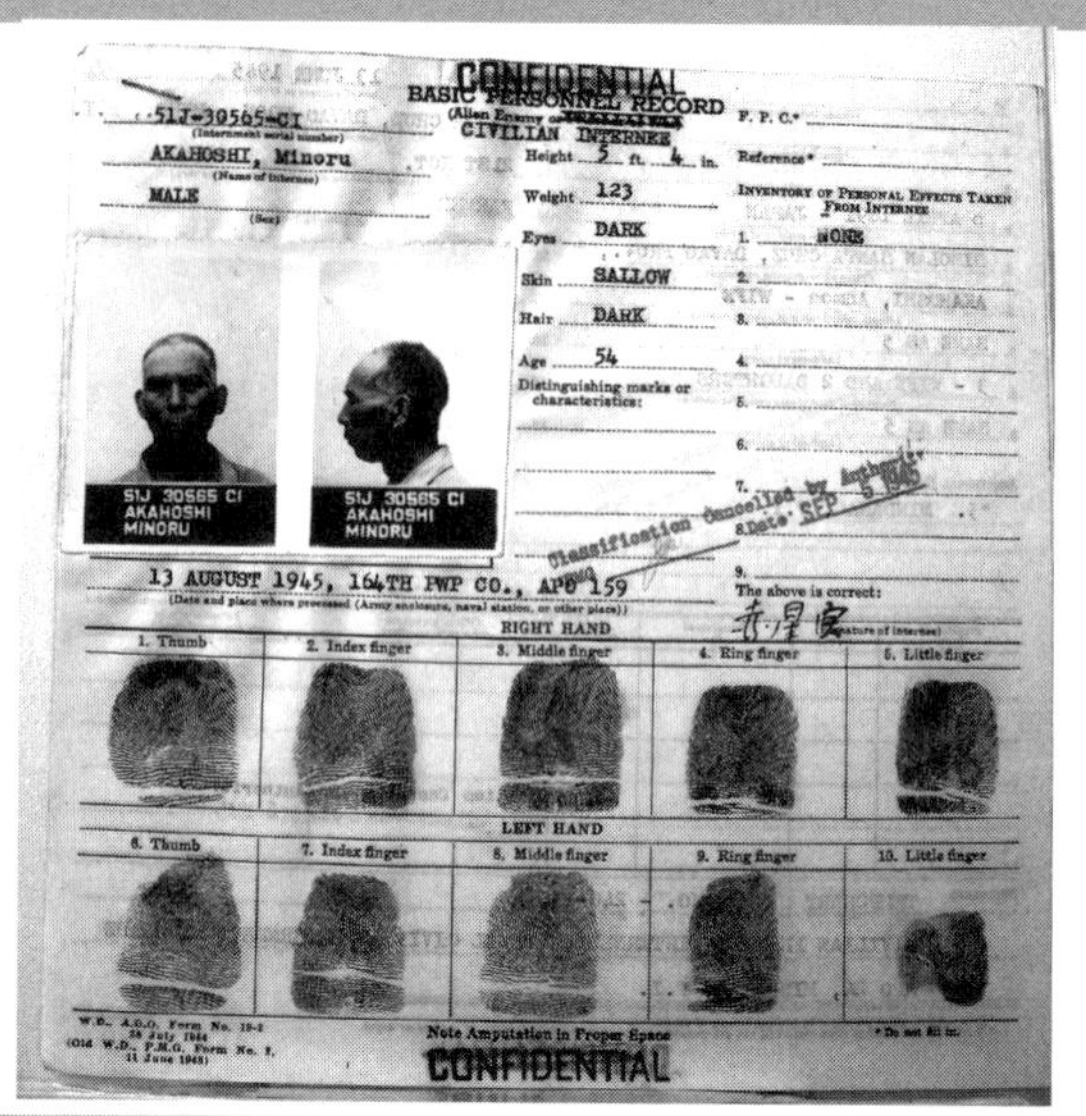
CONFIDENTIAL
BASIC PERSONNEL RECORD
(Alien Enemy or ~~[illegible]~~)
CIVILIAN INTERNEE

51J-30565-CI
(Internment serial number)
AKAHOSHI, Minoru
(Name of Internee)
MALE
(Sex)

Height 5 ft. 4 in.
Weight 123
Eyes DARK
Skin SALLOW
Hair DARK
Age 54
Distinguishing marks or characteristics:

F. P. C.*
Reference*
INVENTORY OF PERSONAL EFFECTS TAKEN FROM INTERNEE
1. NONE
2.
3.
4.
5.
6.
7.
8.
9.

Classification Cancelled by Authority
Date SEP 5 1945

SIJ 30565 CI AKAHOSHI MINORU

13 AUGUST 1945, 164TH PWP CO., APO 159
(Date and place where processed (Army enclosure, naval station, or other place))

The above is correct:
赤星實
(Signature of internee)

RIGHT HAND				
1. Thumb	2. Index finger	3. Middle finger	4. Ring finger	5. Little finger

LEFT HAND				
6. Thumb	7. Index finger	8. Middle finger	9. Ring finger	10. Little finger

W.D., A.G.O. Form No. 19-2
28 July 1944
(Old W.D., P.M.G. Form No. 1, 11 June 1943)

Note Amputation in Proper Space

* Do not fill in.

CONFIDENTIAL

図表12◉俘虜銘々票・裏

同票の裏面には家族構成や居住地、出生年月日などの情報が並ぶ。

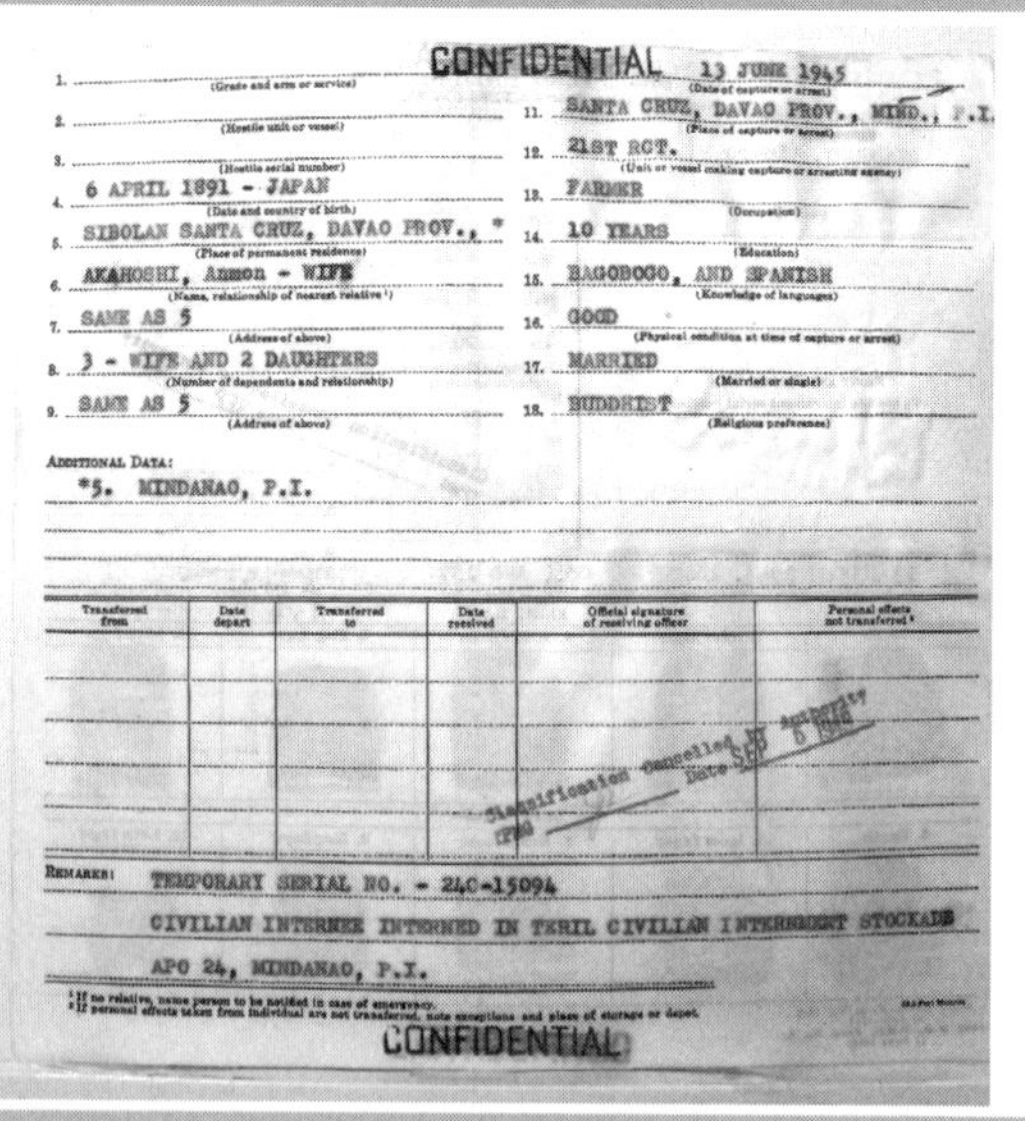
CONFIDENTIAL

1. (Grade and arm or service)
2. (Hostile unit or vessel)
3. (Hostile serial number)
4. 6 APRIL 1891 - JAPAN (Date and country of birth)
5. SIBOLAN SANTA CRUZ, DAVAO PROV., * (Place of permanent residence)
6. AKAHOSHI, Ammon - WIFE (Name, relationship of nearest relative ¹)
7. SAME AS 5 (Address of above)
8. 3 - WIFE AND 2 DAUGHTERS (Number of dependents and relationship)
9. SAME AS 5 (Address of above)
10. 13 JUNE 1945 (Date of capture or arrest)
11. SANTA CRUZ, DAVAO PROV., MIND., P.I. (Place of capture or arrest)
12. 21ST RCT. (Unit or vessel making capture or arresting agency)
13. FARMER (Occupation)
14. 10 YEARS (Education)
15. BAGOBOGO, AND SPANISH (Knowledge of languages)
16. GOOD (Physical condition at time of capture or arrest)
17. MARRIED (Married or single)
18. BUDDHIST (Religious preference)

ADDITIONAL DATA:
*5. MINDANAO, P.I.

Transferred from	Date depart	Transferred to	Date received	Official signature of receiving officer	Personal effects not transferred ²

Classification Cancelled by Authority
Date SEP 5 1945

REMARKS: TEMPORARY SERIAL NO. - 24C-15094
CIVILIAN INTERNEE INTERNED IN TERIL CIVILIAN INTERNMENT STOCKADE
APO 24, MINDANAO, P.I.

¹ If no relative, name person to be notified in case of emergency.
² If personal effects taken from individual are not transferred, note exceptions and place of storage or depot.

CONFIDENTIAL

に作成された名簿だ。本人の顔写真のほか、フィリピンでの住所、日本の出身地、本人の署名などが記載されており、身元特定への大きな手がかりとなる。

さらに、証拠探しのためにご協力いただいているのが、末日聖徒イエス・キリスト教会（モルモン教）が全世界に張り巡らせたファミリーサーチのデータベースである。家族との繋がりを大切にするモルモン教ならではのデータベースといえるが、世界各国の出生や婚姻、死亡といった記録の写しが保管されており、ここの膨大なデータベースの中から該当者の記録が見つかれば、1世の婚姻の事実や2世の出生の事実などをより明らかにすることができるのだ。

厚生労働省が保管している旧陸海軍等の記録との照合もひとつの方法である。父親の名前や軍人軍属として行動を共にした部隊名などの情報を元に照会をかけると、父親の身元とともに戦中の足取りをつかむことができる場合もある。

まさに、砂漠の中から1粒の小石を見つけるような作業だが、こうした地道な作業の継続なくして、身元捜しを実現させることはできないのだ。

また、これらすべての調査を尽くしてもなお、それらしき人物が見つからず、身元判明に至らない残留者たちも少なからずいる。彼らは日本人として生まれ、戦中は「軍属」として扱われたにもかかわらず、未だに日本と自身をつなぐ糸を見出せず、ひたすら待ち続けたまま人生の最終章を迎えているのだ。

解決の一手段――戸籍への記載申出とその課題

ここで、私たちが直面しているもう一つの問題がある。

日本の法務省、各地の法務局が、フィリピン側で作成した遅延登録による証明書を、職権による戸籍記載には不十分として認めないケースが散見されることだ。

「就籍」は家庭裁判所に申し立てられ、司法による判断が下される。ここでは、フィリピンの行政手続きに基づいて作成された遅延登録による婚姻証明書や出生証明書は有効な証拠として採用される。

しかし、書類を整えたところで2世が残念ながら他界し、就籍申し立てに間に合わないというケースも年々増加している。2世生存中に国籍回復が叶わなくても、2世自身が日本人だったという事実に変わりはない。それは、2世が子どもや孫に遺してあげられるささやかな遺産であり、当然ながら、日本人の子ども、孫としての当然の権利である。

その場合、3世である子どもたちが、1世である祖父母の結婚と2世である親の出生を、日本人の祖父の戸籍に届け出るという方法をとる。これを「戸籍記載申出」という。

1世の本籍地のある役場への届け出となり、ほとんどの場合、役所は記載すべきか否かの判断を管轄の地方法務局に仰いでいる。場合によっては、さらに上級の法務局に回され、東京の本省まで送られることもある。返答までに数カ月、長ければ1年近く待たされることもあり、結果として不受理となることも少なくない。

ここで、遅延登録した婚姻や出生の事実を補完するその他の証拠を追加で提出するように求められることがしばしばある。しかし、遅延登録をした際に提出した共同宣誓供述書以上の、さらに新しい証拠が出せるわけもなく、そもそも、補完できるような当時の証拠（つまり、婚姻記録や出生記録など）が残っているのであれば、遅延登録などわざわざ行う必要もないのであり、それらの記録が破壊され、あるいは登録されていないからこそ、フィリピンの公的手続きとして遅延登録を行うことが認められているのである。

あるいは、教会の登録原簿〈図表◉13・14〉などに洗礼記録や婚姻記録などが残っていることも稀にあるが、それらは焼失を免れたラッキーなケースでしかない。そもそも、書類が焼失してしまうほどの過酷な地上戦に巻き込まれたことは、彼らの責任ではないし、日本人であることの証拠を破棄しなければ生き残れなかった厳しい戦後を送らざるを得なかったのも、全く彼らの責任ではないのだ。

言うなれば、「戦争」という国策に巻き込まれたことで、豊かな日本人社会が崩壊し、彼らの人生は激しいダメージを負うことになった。このようなダメージから回復させるには、我々市民団体による細く長い取り組みでは限界があり、ましてや個人の努力次第でどうにかできるというものではない。国策によって受けたダメージを根本的に解決するというのは、まさに国にしかできない仕事なのである。

人的経済的な限界から、ついに時間的限界に直面した今、私たちが痛感していることである。

図表13◉
教会登録原簿

図表14◉
教会登録原簿

教会によっては、焼失をまぬがれた登録原簿が残っていることも。当時の洗礼や婚姻の記録が記載された台帳で貴重な証拠だが劣化するため写真の撮影を拒否する教会もある。その場合は台帳の内容を転載した証明書のみ発行してもらう。

法務省には、フィリピンの公的文書である遅延登録を、補完する書類が不十分だからと却下することなく、それ自体の有効性を認めて迅速に手続きを進めていただくよう、切にお願いしたい。

一方で近年、他界した2世の「就籍」は叶わずとも、その子どもたちである3世が、自分は日本人であるということを明らかにしようと、就籍許可の審判を申し立てるケースが出始めている。実際、2世が男性であれば、父系血統主義の法律が施行されていた期間（1984年まで）に出生した3世たちも、日本国籍となる。特別な帰化手続きなどしていない限り、3世の彼らもフィリピン人ではなく日本人なのである。

そのため、2世がすでに他界したファミリーの間では、今後、3世たちの就籍許可の申し立てが盛んになっていくことも予想される。2世たちの人生で回復できなかった権利を、子どもたちが獲得していく大切なプロセスであるので、ここに記しておきたい。

解決にむけたサポーターたち

根本的救済の進まないフィリピン残留日本人問題であるが、一方で、苦境にある残留者たちに、手を差し伸べようとしている人たちもいる。

まず、フィリピン全土において継続的に実施している日本の外務省による「フィリピン残留日本人調査」。私たちのNPO、フィリピン日系人リーガルサポートセンターが委託を受けて、全国各地の日系人会と協力しながら実施している。この調査によって、即座に具体的な解決へと至るものではないが、残留者全体の状況を常にアップデートして把握しておくことは、問題解決の道筋を考える上で非常に重要である。

また、2015年に残留日本人の代表団が当時の安倍晋三首相に面談したことがきっかけとなり、日本大使館の領事が私たちの聞き取り調査に同席するようになった。これも、外務省がフィリピン残留者問題をさらに深く理解する上で意義のあることだと考える。

しかし、調査をいかに継続していったとしても、一人一人の日本国籍回復という根本解決には、残念ながら繋がっていないのである。

日本政府にはぜひ、外務省が蓄積してきたデータを省庁横断的に活用し、実効性のある救済策を講じていただきたいと切に願う。

日本政府の救済が遅々として進まない一方で、残留者たちの置かれた状況を問題視し、救済のために具体的に動き始めたのが、フィリピン司法省及び国連難民高等弁務官事務所（ＵＮＨＣＲ）である。

フィリピン残留日本人は、国籍法上は日本国籍となるため、日本国籍を回復されない限りは「無国籍」となる――これが司法省及び国連の見解である。国籍を持つということは、自国からの保護を受ける権利を有するということであり、どこの国にも所属することのできない「無国籍」状態は、人権が侵害された状況であるという認識に立っている。

１章で河合氏が述べているように、フィリピンはＵＮＨＣＲとともに全世界の無国籍者をゼロにすることを目指した「＃アイ・ビロング・キャンペーン」を展開中であり、そのキャンペーンの一環として、フィリピン残留日本人の無国籍状態を深刻な人権侵害ととらえ、事態の早期解決を目指している。

そこで今、フィリピン司法省とＵＮＨＣＲフィリピン事務所が連携し、本腰を入れて取り組んでいるのが、フィリピン残留日本人の「無国籍認定」である。インタビュー及び証拠書類の審査により、彼らは間違いなく日本人の父とフィリピン人母の夫婦から生まれたことが確認できれば、「無国籍者」として認定する。これにより、彼らは一定の保護を受けられると同時に、彼らの無国籍状態の解消のためには日本国籍が回復されるべきであるという国際世論の形成への追い風となることが期待できる。

集団での「無国籍認定」

２０１９年8月、私たちは一気に１０３名の残留2世の無国籍認定をフィリピン司法省に申請した。国籍回復が果たされていない１０００名近い残留2世の救済のためには、もはや一刻の猶予もない。2世たちの切羽詰まった状況を理解してもらうためにも、一定のボリュームの申請が必要だと考えたからだ。

実際、まだ十分に書類が整っていない2世たちも、まずは申請を優先させることにした。情報が不十分でまだ遅延登録ができていない2世たちもいる。しかし、彼らはいつになれば遅延登録を行うのに足るだけの情報が集められるのか。

彼らの出生当時の状況を知る人たちが、かろうじてまだ生存している今、その証言や状況証拠などから、彼らが日本人であることを一刻も早く認定してほしい。

当然、私たちの無国籍認定の申請も、この１０３名にとどまることはなく、残された残留者たち全員の救済を目指して、第二次集団申請を準備しているところである。

ありがたいのは、フィリピン司法省の難民無国籍保護課の担当官であるメルビン・スワレス氏が、自身も地方の貧しい家に生まれて苦学した経験があり、残留者たちの苦難の戦後に対し、心情的にも深い理解を寄せてくれていることである。

また、この無国籍認定は、先述の通りＵＮＨＣＲフィリピン事務所との連携プロジェクトとして行われており、国連を通じて国際社会に向けてフィリピン残留者問題を訴える大きなチャンスにもなっている。

20年現在、ＵＮＨＣＲフィリピン事務所代表は日本人の久保眞治氏で、フィリピン残留日本人が無国籍状態のまま戦後75年も放置されてきた現状を強く憂いており、当事者の高齢化した状況を踏まえ、ここ数年以内に解決すべき問題だとの強い意志を彼は持っている。

国際的な世論を味方に、日本政府の１日も早い取り組みを促していきたい。

日中やフィリピン・インドネシアを前例に

では、具体的に、どうすれば根本的かつ一括の救済が実現できるのか。

日本と中国の二国間でのかつての取り組みや、フィリピンとインドネシアにおける二国間協定などが大いに参考になりそうだと考えている。

フィリピンには、インドネシアルーツの無国籍状態の人たちが大勢いたため、彼らのインドネシア国籍を回復しつつ、フィリピンでの暮らしに不利益が出ないように、二国間での取り決めが交わされた。

中国残留孤児に関しても、日中両政府の共同作業で作成された孤児名簿が、日本側での身元捜しや国籍回復のための就籍手続きなどに大いに活用された。

国と国をまたいだ問題の解決は、どちらか一方の国の取り組みだけでは不可能であり、両国間の緊密な連携プレーによって、もっとも効率的かつ効果的で抜本的な解決の道筋が見出されることと思う。

二国間協定の実績を持つフィリピンと、中国残留孤児救済の実績を持つ日本、双方の優秀な官僚がタッグを組んで、互いの知見を共有すれば、我々には思いもつかないような解決策が編み出されていくのではないかと期待している。

そのためには、我々がこれまで蓄積してきたデータやノウハウも喜んで提供するので、ぜひ活用していただきたいし、フィリピン全土に存在している日系人会の人的ネットワークも大きなリソースになるはずである。

外務省で継続してきた全国調査のデータベースも、ようやくその真価を発揮できるのではないだろうか。

沖縄の戦後処理を手本に

また、フィリピンと同様、激しい地上戦に巻き込まれた沖縄における戦後の戸籍整備のプロセスも、注目に値する。12万人とも15万人ともいわれる沖縄県民の犠牲者数。県民の4人に1人が犠牲になったとも言われるが、熾烈を極めた地上戦により徹底的に破壊された沖縄で、その被害を正確にとらえることは難しい。

その苛烈な戦争によって、八重山諸島の一部を除き、沖縄の戸籍はそのほとんどが焼失した。その件数は2市3町43村で1万2928件にも及ぶという。いうなれば、沖縄県民のほとんどが「無戸籍」となってしまったのだ。

戦後の沖縄では、当初、急場しのぎとして臨時戸籍が編製されたが、これは配給台帳のようなもので、性別も年齢も氏名も、単なる申告に基づいた不正確なものだった。その後、その不備を補うために戸籍整備法が制定され、沖縄各地で戸籍が再製されていった。本人が持っている謄本の写しなどの提出が義務付けられたが、当然ながらそのような書類が手元に残っていない人も多くおり、この場合は本人の申告がすべてとなる。地上戦によって破壊された当時の状況において、そのようなことは当然の事情として汲み取られ、情報収集と調整が進められ、戸籍が認定されていった。

これは、新たに戸籍を作り出す「就籍」とはやや異なる戸籍の「再製」であり、日本版「遅延登録」ともいうべきものであるが、戦火によって滅失した戸籍を本人たちの申告に基づいて再構築していったという実績が、日本の法務省にあるということは、大変に心強いことだと思っている。

自国民をどう扱うのか？

戦前から戦中、そして戦後から現在に至るまでのフィリピン残留日本人の足跡を辿りながら、ポイントを解説してきた。結局のところは、日本という国のありようが国際社会から問われている人権問題なのだという結論になるだろう。

日本という国が自国民をどのように扱うのか。

自国民の惨状に対し、「何ができるのか」という視点から解決策を考えようとするのか、あるいは「できない理由」から探していく姿勢に終始するのか。

そのことを国際社会は注視している。

フィリピンのテオドロ・ロクシン外務大臣のツイート（57ページ参照）は、まさに海外の多くの人たちに共有されるものだろう。

「私たちはフィリピン国籍をいつでも提供する（「帰化」のこと：筆者註）用意があるし、登録手続きはいつでも始められる。とはいえ、彼らの願いは日本人になることである。ところが日本の国会はどうやらその声を聴こうとはしていない。そんな状況にあってもなお、彼らは近代の日本の侍（さむらい）の末裔たちなのである。不思議な国である」

わずか1000名ほどの人たちが、自分のルーツを求めて父の国からの救済を待ち続けているのに、その声を聞こうともしない不思議な国、というわけだ。フィリピン人になりたければ、帰化申請さえすれば、こちらはいつでも受け入れられるのに、と。

さて、私はフィリピン残留日本人の調査に現地を歩き回るたびに、胸が痛くなる。日本人である私が会いに来たというだけで、喜びの涙を流す残留者たち。母の言いつけを守って、迫害を恐れ、頑なに口を閉ざしていた2世たちが、自分の日本人としてのルーツを、止まらない涙とともに語り出す瞬間。

彼らが恋い焦がれ、求めている父の国、〈ハポン＝日本〉は、今、彼らの愛にふさわしい国となっているのだろうか、と。

フィリピンを訪れるたびに、老いて話ができなくなったり、あるいは他界してしまった2世たちが後を絶たず、過ぎ行く歳月の残酷さに直面している。

私たちが、彼らの声に耳を傾け、その権利を回復するのに残された時間は、限りなく少ない。自国民の保護という国として当たり前の責任を果たす最後のチャンスである。

彼らを見捨てるような国であっていいのか。この国に暮らす、私たち一人ひとりが問われている。

いま動かないと「解決」はない――「あとがき」にかえて

最後まで、この本を読んでくださり、ありがとうございました。

伝えたいことを十分に伝えきれたのか、そもそも、私たち自身、残留して75年という長い年月が経過した〈ハポン〉たちの胸の内を、十分に理解しているとは言い難く、本当に伝えるべきことの10分の1も言葉にできていないのではないかという不安な思いもあります。

しかし、そんなことを言っていたら、彼らの今にも消えそうな小さな声を、届けるべき人に届けることは永遠にできません。もはや、時間がない。

この春、外務省から委託を受けてフィリピン日系人リーガルサポートセンター（PNLSC）がフィリピン全土の日系人会とともに実施した全国調査によると、日本国籍を回復できずに残留している人たちの数は、今や910名。昨年から159名も減りました。

これは、159名もの人たちが国籍を回復したという意味ではありません。就籍によって国籍回復を果たした人はわずか19名。残りは、亡くなってしまったということです。さらに、この910名の中にも、連絡がつかなくなっている方たちがいます。生きておられるのか、亡くなってしまったのかわからない。この数はどんどん増えていくでしょう。

繰り返しになりますが、問題が「解決」する前に、問題そのものが「消滅」してしまう、取り返しのつかない事態に至る瀬戸際にあります。

そんな中で、彼らが生きている間に日本国籍の回復を実現するために、できることはなんでもやる覚悟です。司法の場でもどこの場でも、放てる矢はすべて放つ覚悟です。

そこで、この本に最後までおつきあいくださったみなさまにも、いくつかのご提案があります。

こんな不条理はおかしい、著しい人権問題解決のために何ができるのだろう、と思った方たちに、具体的ないくつかの行動をお願いしたいのです。できることを思いつく限り列挙しました。ほかにも、彼らの救済のためにできることはあるかもしれません。

彼らの存在と問題を知った方たち一人ひとりの具体的な行動が、問題解決の大きな助けとなります。お力やお知恵を貸してくださることを切にお願いいたします。

1 地元の政治家の方たちに働きかける

中国残留孤児は厚生労働省が親族捜しや帰国支援を積極的に行い、その救済が実現しました。ぜひ、フィリピン残留日本人にも同じような支援を行ってほしい。そのためには、国会の場でこの問題が取り上げられ、しかるべき立法がなされることが必要です。ぜひ、ご自分の地元の政治家に、この問題への取り組みを促してください。

すでに国会には超党派の議員による「日本・フィリピン友好議員連盟」が存在し、フィリピン残留日本人問題に理解を示してくれている議員もおられますが、大きな動きになっているとは言えません。同議連の議員たちをサポートしつつ、その動きを広げていくためには、多くの国会議員たちへの働きかけが大切です。

ぜひ、ご自分の地元選出の議員に、人道的見地から超党派での協力を呼びかけていただけませんか。

２ NPO「フィリピン日系人リーガルサポートセンター」の活動を支援する

本文中に何度も登場するNPO法人のPNLSCのことです。私が代表理事、本書の共著者である猪俣氏が事務局長を務めています。東京・四ツ谷とフィリピンのマニラにそれぞれ小さな事務所を構え、フィリピン全土での聞き取り調査と日本側での身元捜し、就籍許可申し立てなどの法的手続きをコツコツと継続しています。

人的限界、時間的限界と直面しながら、ひたすら手と足を動かし、頭を巡らせ、一人ひとりの救済を地道に続けています。そして、その活動は、賛同してくださる市民の皆さんの寄付や会費に支えられています。

この活動を支えてくださるサポーター（会員・支援者）を、随時募集しています。会員になっていただくと定期的に活動内容をまとめたニュースレターをお送りさせていただきます。また、写真展などPNLSC主催イベントのご案内も随時お送りいたします。

【支援のためのホームページ】
http://pnlsc.com/kifu/index.html

3 「日本人の忘れもの　フィリピンと中国の残留邦人」の上映運動

今夏（2020年）から公開が始まるフィリピン残留日本人と中国残留孤児の問題をわかりやすく描いたドキュメンタリー映画「日本人の忘れもの　フィリピンと中国の残留邦人」（企画・製作：河合弘之／脚本・監督：小原浩靖）の劇場上映に、ぜひ足をお運びください。本書の第2章「残留者たちの肖像」に登場する赤星ハツエさんのポスターが目印です。シネコンでの上映は難しいですが、各地のミニシアターでの上映が次々と始まります。もしお近くのミニシアターでの上映が決まっていない場合、ぜひ劇場にリクエストしてみてください。

また、劇場での公開がひと段落した頃から、各地での自主上映会を積極的に展開したいと思っています。地元での自主上映会をぜひご企画ください。

自主上映会についての詳細は、決まり次第、映画の公式サイトでご案内していきます。

【映画公式サイト】

https://wasure-mono.com/

4 写真展や出張講演、平和教育の実践

この問題の早期解決を日比両政府へ働きかけていくためには、広く多くの方たちに問題の

本質を知ってもらい、世論を形成していくことが何よりも重要です。また、戦争を知らない世代に、戦争によってどのような悲劇がもたらされるかということを伝えていくために、フィリピン残留日本人問題は平和教育としても重要なテーマを内包しています。

そこで、ＰＮＬＳＣが保管するさまざまな写真パネルのお貸出し、ＰＮＬＳＣスタッフによる出張講演などを積極的に行っていきたいと考えます。ぜひ、自主上映会などとあわせて、写真展や講演会などもご検討ください。喜んで伺わせていただきます。

【ＰＮＬＳＣお問い合わせ先】

メール　info@pnlsc.com

電話　03-3355-8861

今、私が思いつくご協力の形は以上ですが、今後、国連難民高等弁務官事務所（ＵＮＨＣＲ）からの調査報告が出されて国際世論も高まってくることが予想される中、さまざまなところでお力やお知恵をお貸しいただく必要が生じてくるだろうと思います。

引き続き、この問題に関心を寄せてくださり、フィリピンに残留している同胞たちの小さな声に耳を傾けてくだされば心より願いつつ、筆を置きます。

２０２０年７月　河合弘之

河合弘之 かわい・ひろゆき

1944年旧満州生まれ。弁護士。平和相互銀行乗っ取りなどのビジネス事件から、ダグラス・グラマン事件に代表される巨大汚職事件まで数多くの大型事件を手がけ、「逆襲弁護士」の異名を持つ。中国残留孤児とフィリピン残留日本人の国籍回復に長年にわたり尽力、脱原発訴訟にも25年近く関わり、『日本と原発』『日本と再生』など原発3部作映画を製作・監督。映画『日本人の忘れもの　フィリピンと中国の残留邦人』を企画製作。おもな著書に『原発訴訟が社会を変える』(集英社新書)など。

猪俣典弘 いのまた・のりひろ

1969年横浜生まれ。マニラのアジア社会研究所で社会学を学ぶ。現地NGOとともに農村・漁村で、上総(かずさ)掘りという日本の工法を用いた井戸掘りを行う。卒業後、NGOに勤務。旧ユーゴスラビア、フィリピン、ミャンマーに派遣される。2005年から認定NPO法人フィリピン日系リーガルサポートセンター(PNLSC)に勤務、2011年から事務局長に。

ハポンを取り戻す

フィリピン残留日本人の戦争と国籍回復

2020年7月15日初版発行
1600円＋税

著者
河合弘之、猪俣典弘

装丁
安藤順

パブリッシャー
木瀬貴吉

発行

〒115-0045
東京都北区赤羽1-19-7-603
Tel 03-5939-7950
Fax 03-5939-7951
office@korocolor.com
HP http://korocolor.com
SHOP https://colobooks.com

ISBN 978-4-907239-50-3
C0036
mrmt